AF397445

Claus Bork

Der Schwarze Sigurd

Verlag: BoD – Books on Demand, Kopenhagen, Dänemark
Buchdruck: BoD, Books on Demand, Norderstedt, Deutschland
Umschlagbild: Jesper Østergaard, Dänemark
Übersetzung: Susanne Richter, Ellerdorf, Deutschland
Grafik und filework: Lene Holm, Graphique, Dänemark
ISBN: 9788771702019

Herausgegeben vom gleichen Autor:
(Im Dänemark, Dänisches Sprache)

Kinderbücher:
Das Schlangenauge – 1985 (DK)
Der Meister von Glaur – 1985 (DK)
König Atlon vom Regenbogen – 1985 (DK)

Jugendbücher:
Der Schwarze Sigurd – 2015* (Deutsch)
Black Mac – 2015 (Englisch)
Land hinter den Nebeln – 2015* (Deutsch)
Drachenreich – 2015* (Deutsch)
Die Kinder der Wellen – (August 2015** Deutsch)
Djin – (August 2015** Deutsch)
Die Tore nach Rana – (August 2015** Deutsch)
Muffys Gesetz – 1998 (DK)

Romane für Erwachsene:
DEER – 2015* (Deutsch)
Das abenteuerliche Karaganda – 2015* (Deutsch)
WTC-gate – 2015 (DK)
WTC-gate – (August 2015**) (Englisch)

***) Publiziert in Deutschland**
**) Geplante Deutsche Veröffentlichung

Meinem Sohn Jesper und seinem besten Freund Henrik S.
Sørensen gewidmet

Personenverzeichnis:

Jesper - ein ganz gewöhnlicher Junge.

der Schwarze Sigurd - Jespers Freund, der schwarze Rabe aus
Abenteuerland.

Isabel - Prinzessin von Abenteuerland.

Dur - Prinz von Symphonien.

Merlin - der Zauberer.

Archimedes - Merlins kluge Eule.

Elektro - Kriegsprogramm von DOS.

Schatten - Sklave von Elektro.

der Hund - ein Hund mit Augen so groß wie Teetassen.

Sir Gawain - der noble Ritter aus Abenteuerland.

Abenteuerland - das Land in den Träumen, jenseits der
Wirklichkeit.

Symphonien - die Welt der Musik, jenseits der Wirklichkeit

DOS - die Welt der Computerspiele, jenseits der Wirklichkeit.

Niemandsland - das Land, das man durchquert auf seinem
Weg von der Wirklichkeit in die Traumwelt.

Der Anfang

Er war eigentlich schon ein ganz gewöhnlicher Junge.

Er hieß Jesper. Hatte struppiges, blondes Haar und große braune Augen - denn irgendwo in der Familie seiner Mutter waren Zigeuner im Spiel gewesen. Und vielleicht war er gerade deshalb abenteuerlustig.

Er ging seine eigenen Wege und liebte die Spannung, wenn er Dinge erlebte, die nicht ganz gewöhnlich waren. Er war zehn Jahre alt und ein kleiner Spinner.

Es begann alles an einem kalten Abend im November.

Der Schnee senkte sich wie Löwenzahnsamen aus einem schweren, bedeckten Himmel. Es war zehn Minuten vor neun - Freitagabend.

"So, jetzt geht es ab ins Bett mit dir..." Seine Mutter sah ihn mit diesem üblichen - da gibt es keine Diskussionen - Blick an...

"Ich muß nur noch..." begann er. So ging es jeden Abend.

"Ab, junger Mann, und das zack - zack..."

"Nah, ja..." Er legte das Buch weg und erhob sich vom Sofa. Dann trottete er zur Treppe und schleppte sich hoch in den ersten Stock. Zehn Minuten später, genau um neun Uhr, lag er warm unter der Decke bei ausgeschaltetem Licht.

Durch die Fensterscheibe betrachtete er die Schneeflocken, die im Schein der Straßenlaterne herunterfielen.

"Gute Nacht, und schlaf gut..." flüsterte seine Mutter und schloß die Zimmertür.

Der Wecker tickte hart und metallisch aus der Ecke beim Schreibtisch. Tick - tack - ein ganz normaler Wecker zum Auf- ziehen.

Er schloß die Augen - und schlief ein. Und das war das letzte mal, daß er sich wie ein ganz gewöhnlicher Junge fühlte.

Der Traum

Sobald seine Augen sich geschlossen hatten, verließ er die Welt, die er so gut kannte und wirbelte davon. Er fühlte, wie ihn etwas anzog, ohne daß er wußte, wohin.

Weit weg, in der Ferne, wurde es hell. Er kam mit großer Geschwindigkeit auf das Licht zu, in es hinein und stand dann da - in einer anderen Welt, deren Namen er nicht kannte.

Die Sonne schien von einem wolkenlosen Himmel. Als er an sich selbst heruntersah, bemerkte er, daß er immer noch seinen Schlafanzug an hatte.

Er stand auf einem Kiesweg mit einem Graben auf beiden Seiten. Am Rande der Gräben wuchsen die gelbesten Löwenzahnblüten, die er jemals gesehen hatte. Hinter den Gräben war auf der einen Seite ein Feld, auf der anderen Seite ein großer, düsterer Wald.

Über dem Feld sangen die Vögel vom Himmel. Im Wald dagegen war es ganz still.

Er stand etwas da und überlegte, wie er es anstellen sollte, an andere Kleidung zu kommen. Wenn ihn jemand sah, gekleidet mit einem Schlafanzug am helllichten Tag, würde er zum Gespött werden.

"Mach den Weg frei für die königliche Kutsche Ihrer Majestät..." rief eine schrille Stimme hinter ihm.

Er schaffte es gerade noch, sich umzudrehen, die heranbrausenden Pferde zu sehen, und sich aus dem Weg zu werfen - hinunter in den Graben - bevor die Pferde vorbeidonnerten und eine Wolke aus Staub aufwirbelten, die über das Feld fegte.

"Prrr..." rief der Kutscher. Die Pferde wieherten, die Ketten rasselten und die schweren Räder polterten und bremsten.

Jesper lag auf dem Boden des Grabens und starrte erschrocken zurück auf den Weg. Er konnte nicht richtig sehen, weil das Gras ihm die Sicht nahm.

Er kletterte etwas auf die Böschung und bog die Halme zur Seite. Und da, mitten auf dem Kiesweg, hielt eine vergoldete Kutsche mit Holzrädern mit Speichen und acht weißen, schnaubenden Pferden davor gespannt.

Die Pferde schlugen mit den Hufen, sodaß das Zaumzeug rasselte.

Der Kutscher, ein kleiner, dicker Mann mit roten Wangen, zog die Zügel stramm, um sie zum Stehen zu bringen.

Die Kutsche war aus Holz gebaut und so kunstfertig beschnitzt, daß es unmöglich etwas vergleichbares irgendwo anders auf der Welt geben konnte.

Das Dach wurde von zehn geschnitzten, vergoldeten Drachen mit gespaltenen Zungen getragen.

In den Fenstern war richtiges Glas, so fein geputzt, daß man es nur sah, wenn die Sonne in ihm leuchtete.

Ein Gesicht kam in einem Fenster zum Vorschein. Es war eine junge Frau. Sie war sehr hübsch mit tiefblauen Augen und langem, rabenschwarzem Haar. Sie starrte mit Verwunderung in ihrem Blick auf ihn herab. Dann lächelte sie und schob die Tür auf.

"Komm hierher, Junge - und laß mich dich ansehen..."

Jesper fand, sie war so schön, daß ihm ganz schwindelig wurde. Er erhob sich langsam und kletterte das letzte Stück aus dem Graben, bevor er über den Weg ging und vor der Wagentür stehenblieb.

Plötzlich lachte sie und hielt die Hand vor den Mund.

"Warum hast du dieses Zeug an...?" Er sah das Lächeln in ihren Augen, bevor er sich über den Schlafanzug ärgern konnte.

"Das ist mein Schlafanzug..." sagte er und lächelte sie an.

Sie sah mit leicht schrägem Kopf an ihm herunter.

"Was machst du hier draußen...?" fragte sie und machte einen Schmollmund.

"Ich gehe, wohin ich Lust habe.." antwortete Jesper.

"Du bist bestimmt eine schlimme, kleine Rübe..." lachte sie.

Er nahm die Hände an die Hüften und antwortete: "Wenn ich eine Rübe bin, was bist du dann...?"

Drüben vom Hinter Brett der Kutsche sprangen zwei Diener in roten Uniformen auf die Erde.

"Nein, laßt ihn..." rief sie und hob die Hand. Dann sah sie wieder zu ihm.

"Ich bin Prinzessin Isabel vom Abenteuerland..." Sie lachte wieder.

"Lachst du immer, wenn du redest...?" fragte Jesper.

"Nicht immer..." antwortete sie. Ein Schatten glitt über ihr Gesicht, worauf sie über das Feld starrte und schwieg.

"Na, ich muß weiter..." begann Jesper.

Der eine uniformierte Diener stellte sich vor ihn.

"Wenn man mit Prinzessin Isabel von Abenteuerland spricht, dann sagt man Ihre Majestät..." Er war rank und breitschultrig und schaute mit seinen freundlichen, aber bestimmten blauen Augen auf Jesper. Er roch nach Schuhwachs von den langschäftigen Stiefeln und die zwei Reihen blanker Knöpfe glänzten und funkelten auf der Jacke.

"Laß ihn, Rinze..." Sie sprach aus dem Wagen zu ihm.

Er trat zur Seite, worauf sie eine Hand zu Jesper streckte und ihn näher winkte. Er nahm ihre königliche Hand und hüpfte hinauf in die Kutsche.

Die Diener in den roten Jacken gingen um den Wagen und sprangen auf.

"Weiter..." rief Prinzessin Isabel, und der Wagen begann zu rollen.

Das Feld sauste draußen am Fenster vorbei.

"Was für eine Geschwindigkeit..." rief Jesper aus. "Hier ist es auch sehr schön..."

"Hier ist es nett, aber in meinem eigenen Land ist es viel schöner..."

"Bist du auf dem Weg nach Hause, oder was...?"

"Dies ist Niemandsland..." sagte sie und zeigte aus dem Fenster. "Hier kommen alle her, die Lust haben. Nach Abenteuerland kommen nur die, die dort wohnen..."

"Abenteuerland..." murmelte Jesper vor sich hin. "Das klingt nett..."

Sie nickte freundlich und reichte ihm eine Schachtel.

"Isst du Schokolade?"

"Ja, das tat er."

Er fand nicht, daß es einen Grund gab, bescheiden zu sein. Sie wirkte ja sehr jung, dafür, daß sie eine Erwachsene war. So stopfte er den Mund mit Schokolade voll und steckte auch ein paar Stücke in die Tasche.

"Bist du immer so...?" fragte sie.

"Jah..." murmelte er, während er kaute.

Sie schaute etwas aus dem Fenster, dann wandte sie ihren Blick wieder ihm zu und fragte geradeheraus: " Wo kommst du her...?"

"Åhh..."

Er kratzte sich etwas an der Wange und dachte nach. "Ja also - gerade jetzt träume ich. Aber ich komme aus Dänemark, wie die meisten anderen..."

"Dänemark...?" Sie sah ihn nachdenklich an. "Meinst du, daß du aus der Wirklichen Welt kommst...?"

"Die Wirkliche Welt...?" Er lachte. "Es gibt doch nur eine Welt."

"Da irrst du dich." lächelte sie und lehnte sich gegen ihn.

"Ich werde dir meine Welt zeigen - die Abenteuerwelt. Vielleicht kann ich auch einmal die Hilfe von so einem niedlichen, jungen Kavalier, wie dir, gebrauchen, wer weiß."

"Du bist doch Prinzessin." sagte er und schluckte den letzten Klumpen Schokolade hinunter. "Du kannst doch unmöglich irgendwelche Probleme haben?"

"Ich wünschte es wäre so schön," seufzte sie.

"Lächel jetzt." sagte Jesper und lutschte seinen Daumen von der Schokolade sauber. "Man wird häßlich, wenn man sich Sorgen macht, das sagt meine Mutter jedes Mal, wenn mein Vater Rechnungen bezahlen soll."

"Meinetwegen" antwortete sie und lächelte wie vorher.

Der Wagen rollte vom Kiesweg. Das Poltern wurde von einem gleichlautenden Ton der Räder abgelöst.

"Dann sind wir bald da," sagte sie und lehnte sich gegen das Fenster.

Er folgte der Richtung ihres Blickes. Draußen war alles verändert. Sie donnerten dahin über eine glatte, blanke Spiegelfläche.

Jesper schaute hinunter in die spiegelnde Ebene. Er meinte sicher, daß er zwei weiße Schwäne sah, wie ein erstarrtes Bild in einem Spiegel.

"Nun kommen wir zu den Toren," sagte sie. "In wenigen Augenblicken sind wir in meinem Land." Jesper rückte auf dem gepolsterten Sitz und drückte die Nase an der Scheibe platt.

Vor der Kutsche tauchte eine riesige Mauer auf. Je näher sie kamen, je höher türmte sie sich gegen den Himmel. Mitten in der Mauer war ein sehr hohes, breites, doppeltgeflügeltes Tor. Das Tor war aus Metall mit großen Bolzen rund herum an den Seiten. Als die Kutsche sich näherte, schwangen die schweren Tore auf. Hinter dem Tor standen zwei Reihen rotgekleidete Soldaten mit Trompeten und bliesen eine Fanfare, während sie hindurchfuhren.

Die Kutsche sauste ins Abenteuerland. Die Trompeter bliesen und das Tor schloß sich hinter ihnen.

Es ging über Stock und Stein, durch malerische Wälder und Täler, auf das weiße Schloß auf dem Gipfel eines Berges zu. Durch die blanken Fensterscheiben sah Jesper eine wunderliche Welt vorbeirollen. Dörfer mit Leuten, die er meinte, zu kennen. Leute aus seiner Phantasie und Leute, von denen er in den Abenteuern gehört hatte, die er vorgelesen bekommen hatte, schon seit er ganz klein war.

Draußen auf einer Ebene lief ein Mann sieben Meilen bei jedem Schritt, den er machte. Nach drei Schritten holte er sie ein, ging an ihnen vorbei und verschwand vor ihnen.

Und das, trotz der acht Pferde, die in schnellem Galopp vorandonnerten, sodaß die Kutsche schaukelte und auf dem Weg hin und her tanzte.

Ritter in glänzenden Rüstungen mit farbenprächtigen Wimpeln, die von ihren Lanzen wehten, waren auf dem Weg über die Ebene, auf der Jagd nach Drachen, die es in fast allen Abenteuern gibt, die aufgeschrieben worden sind.

Jesper sog alles in sich ein, so gut er konnte, aber es geschah zuviel, als daß er es schaffen konnte, alles zu sehen.

Die ganze Zeit beobachtete sie ihn, ohne daß er es bemerkte.

"Was ist das?" flüsterte er und zeigte. Sie polterten durch einen tiefen, dunklen Wald.

"Das ist ein aus allerlei leckeren Sachen gebautes Haus..." lachte sie. "Du mußt davon gehört haben - das Knusperhäuschen?"

Jesper nickte.

"Willst du probieren?" fragte sie.

"Nein, danke," Jesper schüttelte den Kopf. Er erinnerte sich an die Hexe, die Kinder im Ofen briet und verlor die Lust auf Pfefferkuchen.

"Je weiter wir hineinkommen," sagte sie. "Je merkwürdiger wird dir diese Welt noch vorkommen. Weil sie weniger und weniger der Welt gleicht, aus der du selbst kommst."

Er lächelte, ohne den Blick vom Fenster zu wenden. "Ja, das glaub ich auch..."

Sie fuhren über eine Brücke aus Zucker. Ein großes Schwein trollte am Ufer eines Limonadenbaches entlang. Es war aus Marzipan und hatte ein Messer und eine Gabel tief im Rücken stecken.

"Magst du Marzipan?" fragte sie freundlich.

"Jahh..." seufzte Jesper. "Aber nicht jetzt. Ich muß mich erst an all das hier gewöhnen."

"Du mußt andere Kleidung haben," sagte sie säuerlich.

Er nickte wieder. Allerdings, das gefiel ihm auch nicht.

Sie rollten über eine Brücke zu dem weißen Schloß. Die Hufe donnerten auf den Steinen, hinein durch ein Tor.

Die Kutsche hielt im Hof des Schlosses an. Rundherum ragten weiße Türme mit den Spitzen gegen den Himmel.

"Wahnsinn..." dachte Jesper, der nie etwas dem gleichendes gesehen hatte. Das war schon etwas anderes, als Schloß Sorgenfrei, zuhause, wo er herkam.

"Wie mußt du glücklich sein," sagte sie, gerade als sie dabei war , auszusteigen. Sie drehte sich um und warf ihm einen langen, freundlichen Blick zu. "So in einer wirklichen Welt zu leben, ganz ohne Sorgen und Nöte..."

"Ich habe eigentlich Probleme genug," antwortete Jesper. "Frag nur meine Eltern."

Sie stieg hinunter mit Hilfe des Dieners in der roten Uniform.

"Danke, Rinze..." murmelte sie.

"Ihre Majestät, sie sind allzu freundlich." murmelte er und ließ ihre Hand los.

Dann drehte sie sich um. "Wie sind sie - deine Eltern?"

"Meine Mutter ist nett," sagte er. "Mein Vater ist Computer-freak, er ist etwas merkwürdig."

"Computer...?" sagte sie und studierte ihn eine lange Sekunde. Dann streckte sie die Hand vor. "Komm, nun sollst du mit hinein und sehen, wie ich wohne."

Sie führte ihn eine sehr, sehr breite Treppe hinauf. Sie war aus dem weißesten Marmor, und er sah, daß ihre Schuhe aus Glas waren.

Den ganzen langen Tag zeigte sie ihm die Abenteuerwelt. Er traf die Erinnerungen seiner Kindheit wieder, spaßige, unheimliche, phantastische...

Trotzdem wirkte sie besorgt.

"Bald mußt du zurück in deine eigene Welt..." sagte sie leise." Du darfst nicht mehr in meinem Reich sein, wenn die Zeit gekommen ist. Du mußt dafür sorgen, daß du im Niemandsland bist - das ist wichtig. Vergißt du es, kann es dir schaden."

Sie stand vor ihm, schön und unwirklich.

Der Boden in dem großen, hellen Saal hatte ein Schachbrettmuster. Die Schachfiguren, größer als er selbst, standen und warteten im Licht der Kronleuchter.

Von den dicklichen Türmen, den Bauern mit den Sensen über den Schultern, den Springern bis zu den Pferden.

"Hast du Lust zu spielen?" fragte sie.

"Nicht gerade jetzt," antwortete Jesper und kratzte sich an der Nase.

"Was ist es, daß dich traurig macht?"

Bevor sie antworten konnte, kam die schönste, kleine Melodie durch die offenstehende, französische Tür. Sie wallte durch die Luft, sanft und behutsam, und brachte das Lächeln zurück in ihre Augen. Die Schachfiguren standen da und lauschten mit.

Sie warf Jesper ein kleines Lächeln zu und ging auf den Balkon hinaus. Er schlich ihr nach, kauerte sich bei einer Reihe Säulen zusammen und schaute hinunter.

In der Dunkelheit, unten im Blumenbeet im Park, stand ein junger Mann - mit dem Blick auf den Balkon gewandt - und spielte auf einer Laute. Seine Finger spielten leicht über die Saiten, und Töne, so fein, wie klares Kristall, erfüllten die Luft. Hinter ihm stand ein stattliches Pferd und starrte leer in die Dunkelheit.

Er sang so schön für sie, daß Jesper wußte, daß er sie liebte, obwohl die Worte nicht zu verstehen waren.

Prinzessin Isabel schaute mit einem glühenden Blick zu ihm hinunter. Sie liebte ihn auch, das war für jeden deutlich. Sie pflückte eine Rose, die aus dem Balkonkasten am Geländer hing, und warf sie zu ihm hinunter.

Einen Augenblick verstummte die Melodie, während er sie aufsammelte. Dann steckte er sie in ein Knopfloch auf seiner Brust und spielte weiter.

Er spielte noch schöner als vorher. Er lächelte und starrte ihr von da unten tief in die Augen.

Jesper fühlte sich vollkommen überflüßig.

Das Pferd mußte dasselbe fühlen wie er, denn es drehte den Kopf weg und wieherte ganz leise. Dann passierte es.

Das Tor zum Park wurde brutal aufgestoßen und Soldaten in farbenprächtigen Uniformen stürmten in schnurgeraden Reihen herein.

Als erstes ein Leutnant mit goldenen Bändern und Orden - und gezogenem Säbel. Es war die Abenteuergarde, ein Heer, das auf Abenteuerland, den König und die Königin und Prinzessin Isabel aufpasste.

"Nehmt ihn fest..." ertönte das Kommando.

Die Soldaten liefen im Takt voran, mit Bajonetten auf den Gewehren.

Der junge Mann, der für die Prinzessin spielte, lachte und gab ihr einen Handkuß, bevor er die Laute über die Schulter schwang und auf das Pferd sprang. Das wieherte und bäumte sich auf. Jesper hielt den Atem an.

Die Soldaten kamen näher.

Er griff die Laute, schlug die Saiten an, spornte das Pferd und galoppierte direkt auf die hohe Mauer zu, die den Park umgab.

Das Pferd trippelte, setzte ab und sprang.

Prinzessin Isabel sah zu und unterdrückte einen kleinen, erschreckten Seufzer.

Er segelte über die Mauer, getragen von dem Pferd und der lieblichen, kleinen Melodie zusammen. Aber sobald er darüber hinweg und nicht länger zu sehen war, strömte die kleine Melodie über das Abenteuerland und erfüllte die, die dort lebten mit der Hoffnung, daß sie einander eines Tages bekommen würden. Denn Verlobte, das waren sie. Und sie liebten einander so innig, Prinzessin Isabel von Abenteuerland und Prinz Dur von Symphonien.

Die Soldaten blieben stehen und entspannten sich.

Der Leutnant marschierte herüber und stellte sich unter den Balkon. Er wandte den Blick nach oben und sah Prinzessin Isabel ehrerbietig an.

"Mit Eurer Majestät Erlaubnis, werde ich mich zurückziehen?"

Sie nickte.

"Erlaubt mir, vorzubringen, daß ich gezwungen bin, dem König zu melden, daß wir einen Fremden vertrieben haben, der nach dem Gesetz nicht die Erlaubnis hatte im Schloßgarten zu..."

"Wen wollen sie melden, den sie gesehen haben...?" fragte sie nervös.

Er stand etwas und dachte nach. Von weit weg drang die Musik der Laute über die Mauer.

"Gestattet mir," sagte der Leutnant feierlich. "Ich kann niemanden bestimmtes melden, denn ich sah das Gesicht des Betreffenden nicht in der Dunkelheit..."

Prinzessin Isabel lächelte erleichtert und bedankte sich.

Der Leutnant verbeugte sich und schob den Säbel in die Scheide.

Aber gerade als er sich umdrehte und den Soldaten das Kommando gab durch das Tor zu gehen, warf er ihr denselben Blick zu wie der Musikant. Auch er liebte die Prinzessin, aber er respektierte, daß sie gewählt hatte, ihr Herz einem anderen zu schenken, denn er war ein echter Leutnant.

"Die Nacht bei dir zu Hause ist bald vorbei," sagte Prinzessin Isabel.

Sie ging vor ihm durch den Saal mit dem glänzenden, wie ein Schachbrett gemusterten Boden.

Jesper folgte ihr halb rennend, weil sie so große Schritte machte, daß er ihr kaum nach kam.

Die Spiegel an den Wänden tratschten. Jedes Mal, wenn er sich selbst sah, dachte er daran, wie hübsch er war. Ein richtiger Kavalier in einem Hemd mit Rüschen am Hals und einem richtigen Kavaliersfrack mit Schößen und Spangen.

Die braunen Hosen steckten in langschäftigen Stiefeln und einen Säbel hatte er, obwohl er kleiner war, als die der Soldaten. Draußen auf der Marmortreppe blieb sie stehen und schaute sich im Schloßgarten um.

"Du mußt dich beeilen, von hier wegzukommen," sagte sie. Ihr Blick streifte die Turmuhr.

"Beim zwölften Schlag MUSST du im Niemandsland sein. Versprich mir, das nie zu vergessen."

Er starrte auf die Uhr. "Warum...?"

Sie schaute zu ihm herunter. "Weil du sonst nie wieder in deine eigene Welt zurück kannst. So ist es eben..."

Sie seufzte. "Es nützt nichts, daß du mich fragst warum, denn ich weiß es nicht."

Jesper streifte den Hut mit der Feder vom Kopf und drückte ihn an seine Brust, wie er gesehen hatte, daß man das hier machte. Dann verbeugte er sich und hielt die linke Hand am Säbelschaft.

"Wie Ihre Majestät befehlen." sagte er wichtig.

"Du bist gelehrig," lachte sie. "Du kleiner Lümmel."

Sie drehte sich zum Schloßplatz, pfiff in die Dunkelheit und stellte sich hin, um zu warten.

Drüben im fernsten Winkel polterte ein Tor auf. Das Licht aus einem Stall überflutete die Pflastersteine und die Kutsche mit den acht weißen Pferden brauste auf die Treppe zu. Sie hielt am Fuß der Stufen und eine Tür sprang auf.

"Kommst du eines Tages wieder?" fragte sie.

Jesper sah sie an. "Sobald ich kann..." versprach er.

"Das habe ich gehofft," lächelte Prinzessin Isabel und schob ihn die Treppe hinunter auf die offene Wagentür zu.

Gerade als er einstieg und die Tür zufiel, schlug die Turmuhr das erste Mal. Die Pferde wieherten und die Räder begannen zu rollen.

"Warum ist hier kein Kutscher...?"

"Das ist nicht notwendig," rief sie zurück. Mehr konnte er nicht hören, weil die Räder auf den Pflastersteinen donnerten und der Lärm ihre Worte verschluckte.

Die Pferde steigerten das Tempo, schneller und schneller. Hinaus durch die Tore vorm Schloß und über die Zuckerbrücke. Hinter ihnen dröhnte die Turmuhr ihre Schläge über das Land. Zwei.... Drei.... Vier....

Er fühlte, wie sie voranjagten. Sie wollten, daß er es schaffte.

Das Pfefferkuchenhaus sauste in der Dunkelheit vorbei. Die Hexe stand am Fenster und betrachtete ein kleines Mädchen, das Brennholz für den Ofen sammelte. Er sah sie wie in einem Blitz, dann waren sie vorbei und donnerten weiter.

Ein Drache spie Feuer auf der Ebene, während die Uhr das fünftemal schlug.

Als die Turmuhr das achtemal läutete, verlangsamten die Pferde ihre Geschwindigkeit und blieben stehen.

Die Kutsche hielt bei den zwei offenen Torflügeln, die aus Abenteuerland hinausführten.

Die Diener und die Soldaten in den roten Uniformen waren nicht mehr da. Das Tor war gerade noch so weit offen, daß die Pferde hindurchpassten. Aber auf dem Weg vor der Kutsche stand eine große Männergestalt und versperrte ihnen den Weg.

Er war in einen schwarzen Mantel mit einer Kapuze über dem Kopf gehüllt. Das Gesicht war im Schatten der Kapuze versteckt, nur die Nase und das äußerste vom Kinn glänzten weiß im Mondlicht.

Jesper schaute verstohlen aus dem Fenster. Die Pferde standen unruhig da und stampften mit den Hufen auf dem steinigen Weg. Sie waren feucht von Schweiß und schlugen ungeduldig mit den beschlagenen Füßen.

Die große Gestalt ging schnell um die Kutsche herum zur Tür und öffnete sie. Augen schauten Jesper an, wie zwei blaue Kugeln aus der Dunkelheit unter der Kopfbedeckung.

Er machte eine Gebärde, als wollte er einsteigen, aber die Pferde sprangen vor.

Die Tür knallte auf seine Finger, sodaß er den Halt verlor und unter dem Fenster verschwand, während der Wagen weiterrollte - hinaus durch das Tor und über die spiegelnde Fläche.

"Ich möchte wissen, wer das wohl war?" dachte Jesper und fand ein Stück Schokolade, an dem Fusseln aus seiner Tasche klebten.

Die Turmuhr schlug den elften Schlag in Abenteuerland. Die Pferde hielten ihren wilden Wettlauf zur rechten Zeit an und die Kutsche stand.

Staub wehte vorbei, während er die Tür öffnete und hinuntersprang.

Der Säbel klirrte gegen die Stufen, dann stand er da und starrte in der Dunkelheit herum. Die Pferde setzten sich in Bewegung, drehten um und die goldene Kutsche verschwand in der Nacht.

Die Tür klapperte auf und zu, während sie davonstürmten mit dem Geräusch der polternden Räder.

Dann war er alleine.

Von weit weg drang das Geräusch der Fahrt der Räder über die Spiegelfläche zurück zu ihm. Und einen Augenblick später das Poltern des Tores von Abenteuerland, das zuschlug.

"Vielen Dank," dachte Jesper. "Es gibt keinen, der mir das glaubt, wenn ich es erzähle."

Dann fühlte er ein merkwürdiges Rieseln in seinem müden Körper. Er setzte sich ins Gras neben den Graben und rieb sich die Augen.

Nicht ein Laut störte ihn. Es gab nur das sachte Wispern des Windes in den Baumkronen auf der anderen Seite des Weges.

Er legte sich auf den Rücken und faltete die Hände unter dem Nacken. Und so, ganz unmerklich, schlich sich der Schlaf in ihn. Er schloß die Augen und begann wieder die lange Reise zurück in die Wirklichkeit.

Er sauste durch die Dunkelheit mit den Tönen der abenteuerlichen Laute im Schloßpark - weit, weit, weg...

Wieder zu Hause

"Was in aller Welt..."

Das war die Stimme seiner Mutter. Die brachte ihn jeden Morgen zurück in die Wirklichkeit. Die - und dann der Duft von geröstetem Brot mit Hagebuttenmarmelade, der von unten aus der Küche nach oben in sein Zimmer drang.

Der Rasierapparat seines Vaters summte irgendwo, heftig und mühsam.

"Du bist auch noch dran," sagte sein Vater oft. Aber noch hatte sich nicht die kleinste Andeutung von Flaum an irgendeiner Stelle gezeigt.

Die Mutter schüttelte seinen Arm.

"Was ist das für eine Montur?" sie zog ihm die Decke weg und seufzte. Er schlug die Augen auf und versuchte, sich zu erinnern, wo er war.

"Und Stiefel hast du im Bett an..." kreischte sie.

Der Säbel steckte unter der Decke heraus.

Seine Mutter stand über ihn gebeugt mit den Händen in der Seite.

"Wo hast du das Zeug her, Jesper?"

"Ich hab es von Henrik geliehen," log er und lächelte unschuldig.

"Mußt du unbedingt damit schlafen?"

"Ich habe Kopfschmerzen..." sagte er.

"Aufgestanden und in die Schule, junger Mann," seine Mutter sah sich um. "Und wo ist dein Schlafanzug?"

"Im Wäschekorb," log er. "Gibt es Frühstück?"

"Oh Gott - das Brot..." rief seine Mutter und stürzte zur Tür hinaus.

Der Rasierapparat summte wieder - sie hatten es vergessen. Aber in Zukunft mußte er besser aufpassen.

Dann stand er auf, zog sein Zeug an, aß Frühstück und ging zur Schule.

Den ganzen langen Tag war er ziemlich geistesabwesend.

Aber in einer dänischen Gemeindeschule sind ja so viele geistesabwesende Kinder, daß es wirklich keinen gab, der es bemerkte. Oder richtiger - nur einen, und das war Henrik.

"Warum bist du so merkwürdig?" fragte er und sah ihn über den Rand seiner Brille an. Das war in der Frühstückspause, Jespers Schokoladenbrot lag unangerührt in seiner Essensdose.

"Willst du es haben, ich krieg es nicht runter?"

"Was ist mit dir?" fragte Henrik wieder.

Jesper lehnte sich zu ihm und flüsterte: "Ich müßte jetzt von Schokolade kotzen. Die ganze Nacht habe ich Schokolade gegessen, nun mag ich keine mehr anrühren."

Henrik zuckte mit den Schultern, nahm das Schokoladenbrot und stopfte es in sich hinein.

Jesper hatte so viele fixe Ideen, man mußte sich nur ranhalten, wenn etwas abfiel.

Der Rest des Tages schleppte sich dahin, wie immer.

Um acht Uhr den Abend saß Jesper in Gedanken vertieft vor dem Computerbildschirm seines Vaters am Schreibtisch und spielte Half Life. Er bediente die Tastatur mit überlegener Leichtigkeit. Denn er war besessen auf Computerspiele, Abenteuer, - und Camilla in 4. C.

Sein Vater machte die Programme für all diese merkwürdigen Spiele, und Jesper probierte sie aus. So ging es eine Zeit lang.

Sein Vater sagte, daß er ein Versuchskaninchen war.

Jesper betrachtete sich selbst auf eine mehr heldenhafte Art.

Er kämpfte sich durch das Weltraumspiel und die Lazerstrahlen und wenn er starb hatte er doch einige Male einen Rekord aufgestellt und konnte seinen Namen auf den Bildschirm schreiben.

Er starb so unmerklich und lebte mit einem Knopfdruck weiter. Das war leicht - keine Hexerei.

Es waren jetzt acht Half Life Männer hinter ihm her. Nun mußte er zeigen, wozu er taugte.

Seine Mutter wurde aufmerksam auf ihn, jetzt, wo die Schrecken der Fernsehnachrichten überstanden waren.

"Du siehst müde aus, du solltest lieber ins Bett gehen, damit du frisch für morgen bist."

Jesper nickte, sagte gute Nacht und ging ohne Proteste nach oben ins Bett.

Die Half Life Männer fingen ihn und fraßen ihn, bevor er die Treppe erreichte.

Die Eltern saßen schweigend da und sahen einander an. "Glaubst du, er ist krank?" fragte sein Vater.

"Wir sollten lieber ein Auge auf ihn haben," antwortete seine Mutter. "Jungen in diesem Alter stecken voller Überraschungen."

Das war nämlich das erste Mal, daß Jesper Aksel Bergmann jemals ohne Kampf zu Bett gegangen war.

Bevor er unter die Decke hüpfte, zog er sich das Zeug an, das Prinzessin Isabel von Abenteuerland ihm gegeben hatte. Er hielt den Hut mit der buschigen Feder an seine Brust und hoffte, daß es genauso kommen würde, wie letzte Nacht.

Er wirbelte durch die Dunkelheit. Dann lag er dort wieder - im Graben und blinzelte mit den Augen in den klaren Sonnenschein. Ob es in dieser Traumwelt hier nie regnete?

Am Waldrand stand ein Pferd an einem der Bäume festgebunden. Ein großes, weißes Pferd mit schwarzen Augen und einem langen, dicken, weißen Schwanz. Seine Mähne war zu vielen kleinen Zöpfen geflochten, die in Büscheln unten am Hals endeten.

Auf seinem Rücken war ein Sattel mit einer Hinterkante aus Holz - geschnitzt wie Drachen mit goldenen Zungen. Und die Zügel waren ein Band in kräftigen Farben, festgemacht um den Sattelknauf.

Als er über den Kiesweg ging, drehte das Pferd den Kopf und sah ihn an.

Es wirkte fast stumpfsinnig, sah ihn und sah ihn doch nicht. Aber es wartete geduldig.

Er war gezwungen auf den Baum zu klettern, zwei Äste hoch, um von da aus auf den Sattel zu springen. Die Steigbügel mußte er bis zum obersten Loch der Riemen verkürzen, so, wie er es mal in einem Film gesehen hatte. Dann war er fertig, um davonzureiten.

Das Pferd schritt fort, schaukelte in großer Höhe unter ihm. Es sah sich um, um zu sehen, ob er ängstlich war. Es schien ihm, als wäre er es nicht, worauf es in Galopp überging.

Er ließ Zügel sein und klammerte sich an den Sattelknauf, so fest er konnte. Das war das Schwierigste, was er jemals versucht hatte - auf einem Pferd zu reiten, das 40- bis 50-mal zu groß für ihn war.

Sie donnerten dahin über die Spiegelfläche - zur Mauer mit dem riesigen Tor.

Es war geschlossen. Das Pferd blieb stehen und stierte herum. Er mußte sich etwas einfallen lassen, das Pferd wirkte nicht sehr schlau.

Er ritt ganz nah zum Tor und klopfte mit den Handknöcheln dagegen.

Das Klopfen war kaum zu hören. Aber sobald das erste Pochen ertönt war, öffnete es sich mit einem tiefen Jaulen, sodaß er hindurchreiten konnte.

Die Soldaten standen innen davor mit Gewehren, Bärenfellmützen und glänzenden, schwarzen Stiefeln. Sie präsentierten die Gewehre als er vorbeiritt, aber sie lächelten nicht oder riefen: "Tag, Jesper Aksel Bergmann, willkommen in Abenteuerland..." oder so etwas ähnliches - vielleicht phantasievolleres. Sie standen - steif wie Säulen - und folgten ihm mit den Augen.

Er nickte, wie ein heimkommender Feldherr es getan hätte, und spornte sein weißes Roß an.

Das setzte sich sofort in Galopp und er hatte genug damit zu tun, sich festzuhalten. Der Wind blies ihm seinen Hut mit der Feder in den Nacken, aber das bedeutete nicht so viel.

Er sah sich neugierig um, während er ritt.

Es kam ihm vor, als würde er alles schon kennen, obwohl er erst das zweite Mal hier war.

Die Neugierde trieb ihn dazu, am Zügel zu ziehen. Das Pferd wandte sich nach rechts, hinein in den Wald.

Die Bäume glichen nicht denen zu Hause. Nicht sehr viel. Denn die Stämme waren sehr viel dicker und hatten schwere, verkrüppelte Äste.

Das Pferd verlangsamte die Bewegungen und sah sich um. Seine Ohren drehten sich auf seinem Kopf und lauschten nach dem einen oder anderen. Es war sich hier nicht sicher, vielleicht hätte es gar nicht in den Wald laufen sollen.

"Na, Mist," dachte Jesper. "Ich habe den Säbel mit, und außerdem ist es hier so still..."

Das Licht verschwand, die Bäume standen dicht und der Waldboden lag im Halbdunkel. Als er horchte, konnten beide, er und das Pferd, hören, daß sie nicht allein im Wald waren.

Sir Gawain

Da war ein anderer Ritter. Einer, der durch die Schatten auf sie zukam.

"Prrrr.." flüsterte Jesper. Das weiße Pferd blieb stehen, noch bevor er an den Zügeln gezogen hatte. Und dann warteten sie. Jesper fror. Er hatte eine Gänsehaut auf den Armen und den Beinen in der eleganten Hose. Er setzte den Hut auf seinen Platz und hielt den Atem an.

"Es ist nur ein Abenteuer..." dachte er. "Keine Spur gefährlich."

Die Geräusche nahmen langsam zu. Es war ein Pferd, da war er sich ganz sicher. Es trabte auf sie zu und es rasselte und klirrte bei jedem Schritt, den es machte.

Dann tauchte es zwischen den Stämmen auf, ein Stückchen weiter weg.

Ein schwarzes Pferd mit einem weißen Fleck auf dem einen Vorderbein, gerade über dem Huf. Es hatte eine dicke, wattierte Decke mit großen Schnallen übergeworfen. Auf dem Kopf hatte es ebenfalls eine Kappe aus demselben Stoff, aber es waren Löcher für die Augen herausgeschnitten, damit es sehen konnte, wohin es seine Hufe setzte.

Auf seinem Rücken saß ein Ritter in glänzender Rüstung. Das Visier war hochgeklappt und er sah Jesper und das weiße Pferd mit allen Zeichen der Verwunderung an.

Ein Schild war an seinem Sattelknauf festgemacht und an der Seite des Pferdes hing sein langes Schwert in einer Scheide. Er hielt die Zügel nur mit der linken Hand, denn in der rechten hielt er eine Lanze mit kleinen Wimpeln an der Spitze.

"Danke, Schiefbein..." dachte Jesper und rieb sich die Augen. Er dachte flüchtig daran, den Säbel zu ziehen, aber wurde sich mit sich selbst schnell einig, daß es nicht so schneidig wäre.

Der Ritter hielt vor ihm an und sah erst ihn und dann das weiße Pferd und dann wieder ihn an. In seinen ernsten, blauen Augen erkannte Jesper die Entschlossenheit und Stärke, die einen Ritter zu einem Ritter machten. "Du versperrst den Weg..." polterte er.

Seine rauhe Stimme klang wie eine Säge mit der ein knorriger Baumstamm gerade gesägt wird.

"Das mußt du vielmals entschuldigen," sagte Jesper. In Wirklichkeit war er fast wie erstarrt vor Schreck.

Er versuchte, das weiße Pferd zwischen die Bäume zu treiben, sodaß der Ritter passieren konnte, aber es war weder hin noch her zu bewegen. Es blieb einfach stehen, ohne daran zu denken, an was es schuld sein könnte.

Der Ritter sagte nichts, aber wartete, während Jesper sich mit seinem Pferd abrackerte.

"Es ist ein bißchen dumm..." sagte Jesper und nickte zum Nacken seines Pferdes hinunter. Dann kam ihm ein Gedanke. Er mußte Zeit gewinnen, bevor es allzu peinlich wurde.

"Hast du keinen Knappen?"

Das Visier fiel mit einem lauten Klacken hinunter und der Ritter schob es irritiert wieder hoch mit einer Hand, die in einem stählernen Handschuh steckte.

"Nicht mehr..." antwortete er mit tiefer Stimme. "Ich hatte bis gestern..."

"Was...?" fragte Jesper und trat die Hacken in die Seiten des Pferdes. Es bewegte sich immer noch nicht.

"Grunga nahm ihn..." antwortete der Ritter. "Grunga - der Drache..."

"So ein Mist," entfuhr es Jespers Mund.

"Hmm…" murmelte der Ritter. "Ist das ein Pferd vom Schloß?"

Jesper nickte. "Das glaub ich. Es ist wohl Prinzessin Isabels. Ich bin nicht ganz sicher. Es stand da und wartete auf mich, als ich kam."

"Ich werde Gnade vor Recht ergehen lassen, dieses Mal," brummte der eiserne Mann. "Ich bin auf dem Weg, Grunga zu töten, ich habe keine Zeit, mich mit Bagatellen aufzuhalten. Im Übrigen läßt ein wahrer Ritter seinen Zorn nicht an Kindern aus."

"Das ist bestens.." sagte Jesper. Und das stimmte nur zu gut. Der Ritter zog an den Zügeln und ritt außenherum, vorbei, zwischen den Bäumen.

Dann blieb er stehen und schaute zurück.

"Du solltest hier nicht alleine reiten," brummte er. "Nur, weil ich es, ohne mich zu fürchten, tun kann, bedeutet das nicht, daß du es auch kannst. Es sind Orks im Wald..."

"Ich habe das hier..." sagte Jesper und hob seinen Säbel in die Äste.

Der Ritter nickte barsch. "Wir werden alle eines Tages von unserem Schicksal eingeholt." Dann drehte er sich um, spornte sein gepolstertes Pferd und ritt polternd zwischen den Bäumen davon.

"Wie heißt du, Herr Ritter?" rief Jesper.

"Sir Gawain..." antwortete er dann und donnerte durch den Wald.

Als er weg war, hing nur das Donnern des Pferdes noch lange in der Luft.

Nun, endlich, setzte sein eigenes Pferd sich in Bewegung.

Idiot, dachte Jesper.

Er kam auf eine Lichtung, wo die Sonne ihre klaren Strahlen durch die dichten Kronen der Bäume warf. Breite Bündel aus Licht standen wie schräge Säulen gegen die schwarzen Baumwipfel.

Es war still und friedlich. Er hielt das Pferd an und genoß den Frieden und das sachte Gluckern eines Baches, der sich auf dem Waldboden dahinwand.

Hier konnte doch nichts Schlimmes passieren...

Der Schwarze Sigurd

Ein großer blauschwarzer Rabe beobachtete ihn aus einiger Entfernung.

Er saß versteckt zwischen Blättern, ganz mäuschenstill. Als er sich sicher fühlte, daß er kein Jäger war, flatterte er zu ihm hinunter und setzte sich auf einen Baumstumpf.

Von da aus schaute er ihn wieder mit leicht schrägem Kopf an. "Was bist du denn für eine schlimme, kleine Rübe...?" krächzte er.

Jesper stutzte.

Einen Vogel seinesgleichen hatte er noch nie vorher gesehen.

"Ich heiße Jesper. Wer bist du?"

"Der Schwarze Sigurd," krächzte er und schob die Brust vor. "Hast du etwas Feines in den Taschen?"

Jesper wühlte nach, aber die Taschen waren leer. Nicht mal so viel wie eine Brotkrume war darin.

"Nee," er schüttelte bedauernd den Kopf. "Bist du hungrig?"

"Ach, kleine Leckereien kann man doch immer noch schaffen," antwortete der Schwarze Sigurd. "Aber du hast etwas anderes, was mich mindestens ebenso froh machen würde." Er starrte mit festen Augen auf Jespers Brust.

"Wenn du mich beißt, dann benutze ich den Säbel," warnte Jesper.

"Nein, nein, nein," krächzte der Rabe ungeduldig. Dann breitete er die Flügel aus, flog hoch und setzte sich auf den Sattelknauf.

Er war groß, als er so dicht vor ihm saß. Er verschlang ihn mit seinen schwarzen Augen.

"WUNderschön..." murmelte er hingerissen und klapperte mit dem Schnabel.

Jesper bereute nach und nach, daß er nicht dem Ritter aus dem Wald hinaus gefolgt war.

"Dein Knopf..." krächzte der Schwarze Sigurd. "Dein glänzender und ganz und gar ungewöhnlicher, unwiderstehlicher Knopf."

Auf Jespers Brust, dort wo die Schärpe über seinem Herz verlief, leuchtete eine große, goldene Spange. Mitten auf der Spange saß ein Edelstein, so rot wie die rotesten Erdbeeren.

"Magst du ihn leiden?" fragte Jesper.

"Wir Raben sind ganz wild nach glänzenden, goldenen Knöpfen mit roten Edelsteinen in der Mitte," krächzte der Schwarze Sigurd, sodaß der ganze Wald es hören können mußte. Dann sah er ihn mit einem einschmeichelnden Bick an.

"Kann ich ihn haben...?"

"Was bekomme ich als Gegenleistung...?" fragte Jesper.

"Öh..." der Schwarze Sigurd sah sich verwirrt um. "Mmm, ..." Er grübelte und grübelte, zuerst fiel ihm aber nichts ein. Dann hatte er eine gute Idee, setzte ab, und flog zwischen den Bäumen davon.

Einen Augenblick später drehte er um mit einem Regenwurm. Er landete auf dem Sattelknauf und ließ den Wurm in Jespers Schoß fallen. "Hier, gerade etwas für ein Leckermaul, wie dich..."

"Bähh," sagte Jesper und schmiß den Wurm auf den Waldboden.

"Du kannst meinen Schmuck nicht für einen erbärmlichen Wurm bekommen - du mußt schon etwas Besseres finden. Ich muß jetzt auch weiter. Ich muß aufs Schloß und mit Prinzessin Isabel Tee trinken."

"Aufs Schloß...?" murmelte der Schwarze Sigurd ärgerlich. Was konnte er jemandem anbieten, der zum Tee aufs Schloß sollte?

"Ich kann dir DOS zeigen..." flüsterte er dann, und sah sehr bedeutsam aus. Aber Jesper wußte nicht, was DOS war.

"DOS - das ist das dritte Land," sprach der Schwarze Sigurd schleppend.

"Das Land, wo sie nichts fühlen, nichts essen, niemanden lieben..."

"Wo ist es?" fragte Jesper.

"Erst den Knopf, Kleiner. Dann reden wie über das Geschäft." Er starrte auf die glänzende Brosche und hatte einen stumpfen, wie hypnotisierten Blick in den Augen.

Jesper legte die Hand über die Brosche, sodaß der Schwarze Sigurd sie nicht sehen konnte.

"Was ist das, mit diesem DOS?" fragte er dann.

"Es wächst..." flüsterte der Schwarze Sigurd. "Dort sind Ritter, die Sir Gawain aus Abenteuerland wie eine alte Konservendose erscheinen lassen. Dort sind Ritter, die Grunga töten können - den Drachen..."

"Warum tun sie es dann nicht?"

"Ach, was du die ganze Zeit fragst," antwortete der Schwarze Sigurd rauh. "Keine Ahnung. Und jetzt den Knopf...?"

"Erst später..." sagte Jesper. "Ich verspreche dir, daß, wenn du mir dieses DOS zeigst, dann wirst du ihn bekommen, später..."

Der Schwarze Sigurd saß auf dem Sattelknauf mit einem ausgelassenen Ausdruck auf seiner Vogelfratze.

"Reit nur weiter, Kleiner. Du hast einen Freund fürs Leben gefunden."

"Sehr gut..." sagte Jesper. "So etwas findet man nicht jeden Tag. Zeig mir nun, wie ich nach DOS komme..."

"Mir nach, Kleiner," krächzte der Schwarze Sigurd, setzte ab und flog in den Wald hinein. Jesper spornte das Pferd und folgte ihm.

DOS

Sie kamen an eine Mauer - mitten im Wald. Die Bäume standen dicht, und sie mußten sich um sie herumschlängeln.

Der Schwarze Sigurd zuerst und Jesper auf dem Pferd hinterher.

Dann krächzte der Rabe plötzlich eine heisere Warnung - und da stand sie. Eine dicke, schwere Mauer aus Stein. So hoch, daß die höchste Stelle in den Baumkronen versteckt lag. Alt war sie und gezeichnet von Wind und Wetter.

Es wuchs Moos in den Fugen, und Schlingpflanzen wanden sich hoch zu den Baumkronen, während sie ihre Wurzeln zwischen den Steinen verkeilten, um sich festzuhalten.

Sigurd saß auf einem Ast in der Höhe von Jespers Kopf und flüsterte: "Dahinter liegt es - DOS..."

"Warum flüsterst du?" fragte Jesper.

"Schhh..." der Schwarze Sigurd hielt einen geschwungenen Flügel vor den Schnabel.

"Sie dürfen uns nicht hören," flüsterte er. Die dunklen Augen funkelten in dem flackernden Licht. Er sah sich wachsam um, bevor er wieder sprach.

"Ich war dort drüben vor kurzer Zeit. Es war ein Mißgeschick - und auch meine Neugierde," fügte er hinzu.

"Wie komme ich da hinein?" fragte Jesper.

"Es gibt eine Stelle, wo du rüberkommen kannst. Ein Stück weiter ist die Mauer zusammengestürzt, du kannst an den Schlingpflanzen dort hochklettern."

Er zeigte wieder mit einem Flügel.

"Zeig es mir," sagte Jesper.

Der Schwarze Sigurd hielt einen Flügel vor ihn hin. "Was ist mit dem Stein?" krächzte er. "Was, wenn sie dich entdecken und dich löschen...? Dann krieg ich nie den Stein...?" Er bekam wieder diesen stumpfen Blick in die Augen.

"Dann mußt du auf mich aufpassen..." sagte Jesper und sah verschmitzt aus.

Der Schwarze Sigurd führte ihn und das Pferd durch den Wald an der Mauer entlang, bis sie zu der Stelle kamen, die er vorher beschrieben hatte.

Am Fuß der Mauer lag ein riesiger Haufen Steine. Ganze und zerbrochene durcheinander. Eine große Anhöhe aus Granit, die ziemlich schroff schräg nach oben verlief.

Oben, wo die Baumkronen begannen, streckte sich ein dicker Stängel einer Schlingpflanze aus dem Inneren der Mauer und kletterte weiter nach oben durch die Schlucht, die der Steinschlag hinterlassen hatte.

"Die Pflanzen haben sie gesprengt," flüsterte der Schwarze Sigurd. "Du mußt da rauf. Wenn du dort auf den Baum kletterst, kannst du da oben rüber auf die Mauer springen." Er zeigte wieder mit dem Flügel.

Jesper schaute hoch und nickte dann. Das war der beste Weg, darüber gab es keinen Zweifel. Dann fiel ihm etwas ein.

"Du, Sigurd - was meintest du damit, daß sie mich `löschen` könnten?"

"Oohh..." Er versteckte den Kopf hinter den Flügeln. "Ich hab es selbst gesehen, sie haben einen gelöscht, um den sie sich nicht kümmerten. Sie gebrauchten selbst diese Worte..." Er schaute ihn ernst an. "Wenn man gelöscht wird, verschwindet man, einfach so. Und dann verschwindet der Stein, der so rot glänzt, und dann krieg ich ihn nie..."

"Du wirst ihn schon bekommen," antwortete Jesper. "Sieh zu, daß du hochkommst, und warte auf mich, ich bin auch gleich da." Mit diesen Worten sprang er vom Pferd hinunter, lief zu dem Baum und begann daran hochzuklettern.

Der Schwarze Sigurd setzte sich, um zu warten, auf den Gipfel der Steinhalde. Genau über seinem Kopf drängten die Pflanzen aus den Steinen hervor und wanden sich weiter nach oben.

"Was jetzt...?" fragte Jesper außer Atem. Sigurd nickte zum Zeichen, daß sie weiterklettern sollten.

Der Rabe hatte es leicht. Er hüpfte über die Steine so leicht wie ein Ball. War es zu weit zum Hüpfen, so flog er eben.

Für Jesper war es anders. Er rackerte sich ab über die harten Steine, und der Säbel war ihm die ganze Zeit im Weg. Der Hut mit der Feder wurde ihm weggeblasen und wirbelte zwischen die Äste am Waldboden.

"Hör auf hinunterzusehen," krächzte der Schwarze Sigurd. "Dir wird nur schwindelig, das werden alle von euch kleinen Erdkriechern."

Das stimmte, es war eine schwindelnde Höhe, und Jesper drehte sich alles im Kopf, und er mußte einen Augenblick Pause machen, bevor er weiterklettern konnte.

Dann endlich erreichten sie den oberen Rand der Mauer.

Die Schlingpflanzen kletterten über sie hinweg, über den Rand, hinein in das fremde Reich und hinunter zur Erde - 15 Meter unter ihnen.

Jesper hielt sich mit einem Arm um einen dicken Stängel und spähte hinein.

Der Rabe sah seine gerunzelten Augenbrauen und den offenstehenden Mund und verstand, warum er so verwundert war. Es erinnerte nicht im Geringsten an Abenteuerland, es war eine andere Welt - beides auf einmal, spannend und unheimlich.

"Wohnt wirklich jemand hier?" flüsterte Jesper.

Der Schwarze Sigurd nickte energisch. Und es war in der Tat so.

"Wer?"

Sigurd dachte nach.

"Sie haben einige merkwürdige Namen..." zischte er. "Die blauen heißen `MegaByte.` Er schüttelte den Kopf, als ob er unterstreichen wollte, wie verwirrend es war. " Es gibt viele verschiedene Wesen. Die großen roten mit den Messern heißen `GigaByte`..."

Jesper schaute hinunter. "Es sieht aus, als wäre alles ganz öde."

"Wenn du runterkletterst, ist es nicht mehr öde..." warnte der Schwarze Sigurd.

"Das tu ich lieber nicht," beteuerte Jesper. "So ein seltsames Land..."

"Es ist die Welt der Computerspiele..." sagte Sigurd.

Jespers Gesicht hellte sich zu einem zufriedenen Lächeln auf.

"Stark, Mann. Das ist gerade was für mich, Computerspiel. Ich bin tierisch scharf auf sie und mein Vater macht massenweise davon..."

"Leise," zischte Sigurd. Dann lehnte er sich zu Jesper und flüsterte: " Bist du total verrückt, Kleiner. Das ist gefährlich..."

"Sei kein Frosch," sagte Jesper und zeigte ihm einen Vogel. "Das stimmt nicht."

Sie blickten suchend über den Rand der Mauer, hinaus über die spiegelblanke Fläche, die das Land bis zum Horizont bedeckte.

An vielen Stellen ragten einige geriffelte Rohre durch die Fläche, und über sie hinweg - wie Staubsaugerschläuche, halb begraben im Sand. Sie mußten eine Art Tunnel sein. Es gab keinen Baum und keinen Grashalm, soweit das Auge sehen konnte.

Ein Blatt eines Baumes in Abenteuerland - auf der anderen Seite der Mauer - schwebte über ihre Köpfe hinweg und sank hinunter. Sobald es auf der Spiegelfläche liegengeblieben war, wurde der Schwarze Sigurd ganz angespannt und flüsterte mit zitternder, heiserer Stimme:

"Sieh, was jetzt passiert, es dauert nicht lange, bis jemand kommt."

Und ganz richtig.

Kaum hatte er es ausgesprochen, als ein Wesen summend über die Spiegelfläche kam, aus einer Klappe in einem der Tunnel. Bevor sie auch nur blinzeln konnten, stand es über dem Blatt, fünfzehn Meter tief unten und beobachtete es durch seine künstlichen Augen.

"Es sieht aus wie ein Staubsauger..." murmelte Jesper.

"Was ist ein Staubsauger?" fragte der Schwarze Sigurd.

"Das ergibt sich von selbst..." antwortete Jesper. "Es sieht nur so aus."

"Bzzzz..." Es saugte das Blatt durch einen gegliederten Schlauch und summte zurück über den Spiegel zu der offenen Klappe. Dann verschwand es durch die Luke, die sich schloß, worauf alles wieder still war.

"Ein Roboter..." Jesper freute sich. Es war fast zu schön, um wahr zu sein.

"Du bist verrückt," zischte Sigurd.

"Ich friere etwas," flüsterte Jesper.

"Es bewölkt sich ja auch," krächzte der Schwarze Sigurd. "Wir sollten lieber sehen, daß wir zum Schloß kommen und den Tee kriegen..."

"He, he - ich soll auf das Schloß. Da war keiner, der dich eingeladen hat," protestierte Jesper.

"Nichts kann uns beide trennen," zischte der Schwarze Sigurd schnell. "Wir sind Freunde fürs Leben, erinnre dich..."

Er schaute den Goldschmuck mit dem roten Stein verliebt an.

"Nichts kann uns trennen..."

"Na, dann laß uns gehen..." lächelte Jesper. "Laß uns schnell hier wegkommen, ich bin beides, hungrig und durstig."

Sie kletterten von der Mauer herunter und DOS verschwand auf der anderen Seite.

Als sie fast unten waren, holte der Schwarze Sigurd Jespers Hut, und dann zogen sie fort. Jesper auf seinem weißen Pferd reitend, Sigurd auf dem Sattelknauf sitzend.

Es wurde kälter. Ein kühler Wind blies durch den Wald, ein Wind der den Geruch nach Regen brachte.

Sie ritten in der Dämmerung weiter, durch kleine Dörfer und weitgestreckte Felder. An einer Stelle auf der Heide drang das Gebrüll von Grunga durch die ersten Regentropfen. Jesper dachte an den Ritter, Sir Gawain, und seinen Kampf gegen den Drachen.

Am Waldrand sahen sie ein paar Augen, so gelb wie Kugelblitze, aus der Dunkelheit zwischen den Bäumen, die sie anstarrten. Wenn die Augenlider sich senkten, verschwanden sie, um gleich wieder zu erscheinen.

"Weiter," krächzte der Schwarze Sigurd. "Das ist Hexa, die Waldhexe..."

Jesper zog die Zügel straffer und stieß die Hacken in die Seiten des Pferdes. Aber das hätte er sich auch gut sparen können, denn es war müde vom Regen und wollte nichts lieber, als nach Hause in den warmen Stall.

Das Schloß tauchte aus dem Dunst auf, das Schloß mit den weißen Türmen und goldenen Spitzen, und der Brücke aus Zucker.

Sie polterten hinein über die Pflastersteine auf den Hofplatz zur breiten, weißen Marmortreppe.

Und gerade als Jesper vom Pferd sprang, tauchte Prinzessin Isabel oben auf der Treppe auf, mit Rinze zwei Schritte hinter sich. Sie lächelte ihn erfreut an und winkte.

"Kennst du sie...?" fragte der Schwarze Sigurd.

"Ja, ich glaube..." antwortete Jesper mit Überzeugung. "Besser, als meine eigene Mutter."

"Ja, wirklich?" flüsterte Sigurd zweifelnd.

Sie eilten die Stufen hinauf, Sigurd auf Jespers Schulter sitzend.

Auf der obersten Stufe nahm Jesper den Hut ab und verbeugte sich tief, wie er die Lakaien in den roten Uniformen es tun gesehen hatte. Der Schwarze Sigurd verlor den Halt und stürzte auf dem Rücken auf den Fußboden, während er einen unverständlichen Fluch ausstieß.

"Willkommen," sagte Prinzessin Isabel und lächelte über das ganze Gesicht. Rinze versuchte, freundlich auszusehen, obwohl ungezogene Jungen nicht gerade sein Leibgericht waren.

"Und wer ist dein Freund...?" fragte die Prinzessin und sah auf Sigurd hinunter.

"Das ist der Schwarze Sigurd, mein erster Freund hier in Abenteuerland," sagte Jesper.

"Da werden noch mehr hinzukommen," versprach Isabel.

"Selbstverständlich..." antwortete Jesper. Sigurd begnügte sich mit einem Seufzer.

"Laßt uns hineingehen," sagte Prinzessin Isabel.

Der Schwarze Sigurd hopste auf Jespers Schulter, und dann wanderten sie durch die großen, hellen Hallen, bis sie in einem riesigen Raum ankamen, den sie den Rittersaal nannte.

Es war hier, wo ihr Vater, der König, seine Beratungen mit den Rittern und die Audienzen für die gewöhnlichen Bürger abhielt.

Von den zuletzt genannten gab es eine zahlreiche Schar, hier in diesem Reich.

Mitten im Saal stand ein ungedeckter Tisch. Unter dem Tisch trottete ein großes Schwein herum und grunzte seine Begrüßung unter der Tischplatte hervor.

Diener in weißen Uniformen mit Goldschnüren trugen große Silberschüsseln herein. Stühle und Tische wurden aufgestellt und es herrschte überall ein hektisches Treiben.

Die Flügeltüren zwischen den einzelnen Hallen wurden aufgesperrt. In den anderen Hallen stießen sie auf den gleichen Anschein von Betriebsamkeit.

"Was geschieht hier?" fragte Jesper.

"Mit Verlaub..." murmelte Sigurd und flog hinüber zu einer Schale auf einem Tisch.

Prinzessin Isabel sah ihm nach und wandte dann ihren Blick zu Jesper und antwortete:

"Morgen kommen viele Gäste hierher. Gäste aus dem ganzen Abenteuerland. Aus beiden, von hier und aus Symphonien, wie unser Nachbarland heißt. Sie kommen hierher, weil morgen jeder, der sich für würdig hält, um meine Hand und damit um das Recht auf das halbe Königreich anhalten kann..."

"Wird um dich angehalten...?" sagte Jesper. "Ist das etwas Schlimmes..."

"Nein," lachte Prinzessin Isabel. "Sie kommen auf Freiersfüßen, sie können um mich freien, und dann kann ich mich mit dem verheiraten, den ich für den Besten halte." Sie bekam einen leichten Schimmer in die Augen und schwieg.

"Weißt du, wer da kommt?" fragte Jesper.

Der Schwarze Sigurd schluckte eine Olive von oben aus einer Schale.

"Ja - Prinz Dur von Symphonien kommt, um meine Hand anzuhalten und das Recht auf das halbe Königreich."

"Keine anderen?" fragte Jesper.

"Nein," sagte sie. "Keine anderen, soweit ich weiß."

"Magst du ihn, oder möchtest du dich nicht mit ihm verheiraten?"

"Das möchte ich gerne..." lachte Isabel. "Möchtest du jetzt etwas Marzipan?"

"Ja, verdammt," sagte Jesper. "Das möchte ich gerne."

Sie rief nach dem Schwein, das sich über den Boden zu ihnen schnüffelte. Im Rücken hatte es ein großes, breites Messer und eine Gabel.

Prinzessin Isabel zog das Messer heraus, schnitt einen ordentlichen Klumpen heraus und reichte ihm den mit der Gabel.

"Hier, iß bis du platzt..."

Jesper tat das Schwein leid. Aber dazu gab es keinen Grund, denn es merkte es gar nicht. Es stapfte herum mit Kringeln im Schwanz und schnüffelte mit dem Rüssel auf dem Fußboden. Das Messer saß wieder in seinem Rücken, und alles war wie vorher. Es war wieder ganz, genauso schnell, wie man mit den Augen blinzeln konnte.

"Was für ein gutes Marzipan," schmatzte Jesper. "Und was für ein ulkiges Schwein."

"Was hast du heute unternommen?" fragte sie neugierig.

Er dachte an ihre Tour im Wald.

"Zuerst traf ich einen Ritter, Sir Gawain. Er wollte gegen einen Drachen kämpfen, der Grunga hieß. Dann traf ich den Schwarzen Sigurd. Und der zeigte mir dann DOS."

Als er das Wort DOS aussprach, erstarrte sie und verlor alle Farbe aus ihren roten Wangen.

"Nenne nie den Namen hier," sagte sie bestimmt. "Und halte dich fern vom Land DOS - es ist ein Ort, an dem sehr viel böses geschieht."

"Das mußt du entschuldigen," murmelte Jesper. "Ich wußte nicht, daß du DOS nicht leiden kannst."

"Was hast du dort gesehen?" fragte sie neugierig.

"Nichts," antwortete Jesper. " Nur einen riesigen Spiegel, der das ganze Land ausfüllte und dann einen Staubsauger."

"Was ist ein Staubsauger?"

"Das ist etwas, was Staub vom Fußboden aufsaugt," sagte Jesper.

"War da Staub in DOS?" fragte sie spitz.

"Nee, es war ein Blatt, das er aufsaugte," antwortete er.

"Also ein Blattsauger," berichtigte sie ihn.

"Ja, sowas ähnliches," räumte Jesper ein.

"Hmm…" Sie seufzte tief und verfiel in düstere Gedanken.

"Warum fürchten sich alle so vor DOS?" fragte Jesper sie.

"Weil," sie suchte nach Worten. " Weil es das Nichts ist," antwortete sie. "Es breitet sich aus über unsere Welt, ohne etwas als Gegenleistung zu bringen. Es ist keine Seele in DOS, keine Liebe - ich glaube nicht einmal, daß es dort Gefühle gibt..." seufzte sie. "Es kann nur zerstören - DOS," sagte sie leise.

Jesper versuchte zu verstehen, was sie meinte.

"Du hast doch den Spiegel vor dem Tor zu Abenteuerland gesehen?" fragte sie eifrig. Es war wichtig für sie, daß er verstand.

"Den Spiegel im Niemandsland?"

"Ja, den hab ich gesehen," nickte er.

"Der ist nicht immer dagewesen," sagte sie unglücklich. "Einstmals lag dort ein See mit weißen Schwänen. Er ist jetzt verschwunden, und die Schwäne mit, verschwunden unter dem Spiegel vielleicht, das weiß ich nicht."

"Dann zerschmettert den Spiegel," sagte Jesper zornig. "Der See muß darunter sein."

"Das ist versucht worden," antwortete sie. "Es ist nichts darunter. Er kann nicht zerbrochen werden, es ist bloß das Nichts. Sie nennen es unsere Welt `löschen`. Sie versuchten es zuerst im Niemandsland. Bald sind wir dran, hier hinter den Toren, und es gibt nichts, was wir tun können."

"Sigurd sagte, daß es dort Computerspiele gibt, die sind nicht ein Stück gefährlich. Ich habe selbst welche zu Hause. Mein Vater macht sie..."

"Du kennst solche , Computer...?"

"Mein Vater hat so einen," sagte Jesper leise. "Der ist nicht böse, wenn er es jemals wird, dann mach ich ihn einfach aus."

"Du verstehst nicht," seufzte sie. "Wenn ihr uns nicht braucht, dann sterben wir. Gerade jetzt wachsen sie in DOS, denn alle brauchen die Zeit, um Elektrowesen zu schaffen, die einander töten. Nie etwas anderes - das einzige, was sie können ist töten..." Sie schauderte und sah ihn müde an.

Er bekam ein eisiges Gefühl der Furcht um etwas, daß er angefangen hatte zu lieben. All das hier, das so schön und groß war, wie das Schloß hier in Abenteuerland, Prinzessin Isabel und Rinze, die weißen Pferde vor der Kutsche, all das kam ihm jetzt plötzlich so zerbrechlich vor.

Er wußte, daß sie eine Prinzessin war. Ihr Vater, der König, regierte ein riesiges Reich, viele Male größer, als das Land, aus dem er selbst kam. Und doch war da eine Bedrohung, so massiv, daß er ganz bleich wurde, wenn er darüber sprach.

Jesper beschloß, daß, wenn es etwas gab, was er tun konnte, dann würde er es machen. Vielleicht auch, wenn es gefährlich würde. Vielleicht...

"Ich weiß, was es ist, worauf sie aus sind..." flüsterte sie.

Rinze stand ein paar Meter weg von ihnen und schaute uninteressiert auf die gedeckten Tische. Das Schwein lief grunzend im Saal herum mit dem Messer und der Gabel, die aus dem Rücken ragten.

Sie öffnete ein paar Knöpfe am Kragen ihres Kleides und zog eine dünne, goldene Halskette hervor. An der Kette hing ein ganz kleines Herz aus dem reinsten, strahlenden Gold. Das Herz war geformt aus dünnen, glänzenden Stäben, wie ein Käfig. Und in dem Käfig saß ein winziger, blauer Vogel und schaute zu ihnen heraus. Als er Jesper sah, fing er an zu singen.

Der Vogel erfüllte den Saal mit seiner schmächtigen Stimme. Es lag keine Kraft in der Stimme, sie war so weich und zerbrechlich, wie sie, die Prinzessin von Abenteuerland.

Rinze wandte das Gesicht zu ihr und sah den Vogel im Käfig an. Dann drehte er den Blick wieder fort.

Alle die, die im Saal waren, lachten und sangen mit, als sie den Gesang des Vogels hörten. Er drang hinaus in jeden Winkel, verdrängte den Lärm und das schrille Klappern der Teller und Schüsseln. Alle hielten einen Augenblick inne - und lauschten.

Der Vogel sang aus Herzenslust, sang sie froh und machte sie einen Augenblick glücklich, brachte sie dazu, die Sorgen über die neue Welt zu vergessen, die draußen vor ihren Mauern Formen annahm.

"Er wünscht, diesen hier zu besitzen..." sagte sie und hielt ihn vor den Jungen.

"In diesem Käfig ist das Glück von Abenteuerland. Der eine oder andere wollte ihn schon einmal haben, vor langer Zeit. Keiner erinnert sich mehr, warum, es ist auch egal. Wenn er jedoch diesen kleinen Vogel stiehlt, hören wir auf zu exis- tieren..."

Jesper studierte den kleinen, blauen Vogel durch die Gitterstäbe.

"Warum ist er eingesperrt?" fragte er dann.

"Das muß er sein," entschuldigte sie. " Das Glück ist eine flüchtige Sache, ich passe auf ihn auf, so gut ich kann. Früher ließ ich ihn frei herumfliegen, aber jetzt traue ich mich nicht mehr. Wenn er über die Mauer fliegt, sehen wir ihn nie wieder."

"Wer ist er - der, der ihn haben will?"

Sie sah ihn einen langen Augenblick an. "Electro.." flüsterte sie dann.

"Electro..?"

"Das Programm in DOS..." Sie hängte die Kette wieder um den Hals, und der Vogel hörte auf, zu singen.

"Ein Phantasiewesen, genau wie wir hier in meinem Land..."

Merlin

"Nun kommt er, Ihre Gnaden..." sagte Rinze in einem feierlichen Tonfall.

"Ach, endlich - ich hatte schon fast geglaubt, er hätte es vergessen," lachte Prinzessin Isabel.

Der kleine, blaue Vogel sang innen von ihrer Brust, er war es auch leid, von Electro zu hören.

Herein trat ein alter Zauberer mit einem langen, weißen Bart. Seine blauen Augen, die tief in seinem faltigen Gesicht lagen, betrachteten schnell alle Anwesenden. Die Diener in den weißen Uniformen, die Lakaien in ihren roten Jacken mit den Goldschnüren und die Abenteuergarde, die an den Wänden entlang aufgestellt war.

Er nickte vor sich hin, lächelte und schüttelte den Kopf. Er war gekleidet mit einem Mantel, der bis auf den Boden reichte, sodaß man seine Füße nicht sehen konnte. Auf dem Kopf hatte er einen hohen, gewundenen Hut. Der Hut und der Mantel waren blau mit goldenen Halbmonden und Sternen darauf.

"Ein richtiger Zauberer..." dachte Jesper erfreut. "Vielleicht bringt das die Sache in Schwung..."

"Was sehen meine Augen?" rief der alte Zauberer und hob die Arme in die Luft. Alle schwiegen und warteten.

"Guten Abend, liebste Isabel," lächelte der Alte. Als er sich drehte, tauchte eine Eule auf seiner Schulter auf.

"Guten Abend, Merlin," lächelte Isabel. "Guten Abend, Archimedes," sagte sie, an die Eule gewandt.

"N`abend, n`abend,.." schnatterte die Eule und rollte mit den Augen.

"Erlaubt mir einen Beitrag zum Tischdecken," bat Merlin.

"Mit Freuden," antwortete Prinzessin Isabel. Sie nahm Jesper an die Hand und sah zu ihm hinunter.

"Nun wirst du was sehen. Dies wird nie zu Hause geschehen, wo du herkommst."

Merlin streckte seine Finger gegen die Decke. In der einen Hand hielt er einen schwarzen Stock. Dann reckte er das Kinn vor und erhob seine alte Stimme: "Bippeti, bippeti, bobbeti, bum..."

Es rauschte in der Luft. Die Gardinen vor dem Balkon wehten in den Saal, der Zauberspruch begann zu wirken.

Prinzessin Isabel drückte Jespers Hand.

Der Schwarze Sigurd saß auf einer Schüssel mit gerösteten Mandeln und hackte sie in sich hinein. Er war ein richtiger Fressack, dachte Jesper.

"Im Zauber von Felisium..." rief Merlin mit schriller Stimme.

Das hab ich schon mal gehört... dachte Jesper.

Und dann geschah es.

Er traute fast seinen eigenen Augen nicht. Die Schüsseln und Teller bekamen Beine. Sie wuchsen heraus mit einem kleinen Puff, worauf sie sich selbst vom Stapel hinunter wippten und über den Tisch liefen, bis sie einen leeren Platz gefunden hatten. Die Gabeln wirbelten herum wie ein Heer aus Spießen, eine jede zu einem Gedeck - genauso die Messer.

Die Weinflaschen rackerten sich ab, drückten die Korken aus sich selbst heraus, hasteten an den Reihen der Gläser entlang und füllten sie bis zum Rand.

"Was sagst du dazu?" fragte Isabel, ohne den Blick von dieser abenteuerlichen Tischdeckerei zu entfernen.

"Was soll man dazu sagen?" dachte Jesper, ohne zu antworten.

Eine Gruppe Besen kam die Treppe hoch gewimmelt und begann zu fegen.

"Nein, nein, nein..." rief Merlin nervös und schimpfte sie aus. Sie beeilten sich umzudrehen und liefen wieder in den Keller.

Große Messer schnitten die Würstchen in Scheiben. Streichhölzer entzündeten sich selbst und kletterten auf die Kerzen in Silberhaltern, um sie anzuzünden.

"Bist du verrückt..." seufzte Jesper. "Das glaubt einem keiner..."

Der Schwarze Sigurd flüchtete krächzend zwischen dem Besteck herum.

Die Gabeln nahmen keine Notiz von ihm. Ein Streichholz lief vorbei und versengte ihm den Hintern. Dann hatte er genug, setzte ab und flog hinüber zu Jesper.

Archimedes studierte ihn von Merlins Schulter.

"Das ist zu viel," schimpfte Sigurd. "Da sitzt man still und unbeherrscht und hackt etwas in sich rein, und plötzlich ist alles wie Kraut und Rüben."

Prinzessin Isabel führte sie aus dem Saal, hinüber in den Turm, wo eine Aussicht über ganz Abenteuerland war. Die Sterne schienen auf sie herab, während sie Tee tranken und Kuchen aßen.

Sie sagte, daß er eigentlich etwas ordentliches zu essen haben müßte, aber daß sie Lust hätte, ihn zu verwöhnen. Jesper antwortete, daß er auch mehr Lust hatte, verwöhnt zu werden, als etwas Ordentliches zu essen - und so waren sie sich ja einig. Der Schwarze Sigurd sagte gar nichts, denn er war immer noch sauer.

"Nun mußt du bald los..." sagte sie schließlich.

Jesper nickte. Sie hatte Recht. Es war spät.

"Darf ich ein paar Kuchen mitnehmen?" fragte er.

Sie sagte, daß könne er gerne und dann füllte er die Taschen, wie er es so gut konnte.

Sie nahmen Abschied auf der Marmortreppe. Merlin stand auch da mit Archimedes auf der Schulter. Der Schwarze Sigurd war immer noch nicht aufgetaut, auch hatte er sich überfressen. Jedenfalls sagte er nicht viel.

"Wenn du morgen kommst," flüsterte sie, "kannst du den sehen, den ich liebe..."

"Ich komme..." sagte Jesper bestimmt.

"Das freut mich. Die Garde hat Bescheid bekommen, daß du kommen und gehen kannst, wie du willst. Das Tor wird nie für dich geschlossen sein..." Sie drückte seine Hand, die Kutsche fuhr vor und die acht schnaubenden Pferde warteten.

"Auf Wiedersehen, Merlin.. auf Wiedersehen, Archimedes..." Merlin blinzelte ihm zu, als er einstieg.

Der Wagen rumpelte hinaus über die Zuckerbrücke und weiter durch das Land zum großen Tor.

Soldaten hatten Wache diese Nacht und sie sahen die Gestalt in der schwarzen Kutte nicht.

Dann dröhnten sie über die Spiegelfläche, hinaus zu der Stelle, wo der Wald auf das Feld im Niemandsland traf.

Es blies ein kühler Wind, und die Sterne strahlten kalt hinunter.

Weit weg, hinter der Mauer, begann die Turmuhr in Abenteuerland zu schlagen.

In dieser Nacht war er besser in der Zeit, als gestern.

"Nimm mich mit..." bat der Schwarze Sigurd.

"Das kann ich nicht," schlug Jesper ab. "Ich muß morgen in die Schule, und der Nachbar hat auch eine Katze im Haus..."

"Ach was, Katzen..." krächzte Sigurd. "Denen biege ich beide Enden zusammen auf den..."

"Du warst es auch nicht, weswegen ich beunruhigt war..." sagte Jesper und merkte, daß er begann aufzuwachen.

"Wir sehen uns.." sagte der Schwarze Sigurd und winkte, ohne genau zu wissen, was passieren würde...

Jesper sauste dahin, durch den Traum.

Er verschwand - vor den Augen des Schwarzen Sigurd. Der trottete etwas im Staub herum und wunderte sich, dann setzte er ab und nahm Kurs zurück, dahin, woher er gekommen war.

Er muß wiederkommen... dachte Sigurd. Wir sind ja Freunde fürs Leben. Und der Stein - der wunderbare Stein...

Er flog schnell, wie ein Punkt in der Dunkelheit, über die Mauer und verschwand.

Er war zurück.

Die triste Schule, die nervigen Eltern und all die schrecklichen Regeln. Das Essenspaket, sein vernünftiges Essenspaket... Gibt es etwas schlimmeres, als vernünftige Essenspakete...?

"Sonst endest du, wie dein Vater aussieht, und das willst du doch nicht...?" sagte seine Mutter oft.

Das wollte Jesper nicht. Dann aß er sein vernünftiges Essenspaket und litt für die Schönheit.

Als es Abend wurde und die Bettzeit sich näherte, wurde er rastlos. Er konnte es fast nicht mehr abwarten. Zuletzt benahm er sich unmöglich, sagte "du kannst mich mal..." zu seinem Vater und wurde ins Bett geschickt. Endlich konnte er sich hinlegen, müde vom Warten, mit der Tracht an und dem Säbel an seiner Seite. Und dann wartete er, daß er einschlief. Und wartete...

Seine Eltern gingen zu Bett, aber er konnte nicht schlafen.

Prinzessin Isabel und der Schwarze Sigurd warteten auf ihn in Abenteuerland, und er lag hier und konnte nicht einschlafen.

Idiotisch..

Eine Stunde verging. Dann endlich glückte es ihm.

Er fiel in den Schlaf und wirbelte davon durch die Barriere der Gedanken, zum Land auf der anderen Seite der Träume.

Bei den Bären

Wieder einmal lag er im Graben und blinzelte mit den Augen.

Der Säbel war wie gewöhnlich im Weg, und der Hut mit der Straußenfeder lag auf dem Boden des Grabens im hohen Gras.

Er kletterte nach ihm hinunter und dann weiter auf den Weg, wo er ihn entdeckte...

Der Schwarze Sigurd saß auf einem Stein und glotzte ihn an.

"Wo kommst du her...?" Er fasste nicht ganz, was geschehen war.

"Ich habe hier gesessen und über das Feld geschaut. Ich würde wetten, daß du nicht von da gekommen sein kannst, ohne daß ich dich entdeckt hätte."

"Das ist mein Geheimnis..." sagte Jesper.

"Nun weiß ich es..." krächzte der Schwarze Sigurd und sein Gesicht hellte sich auf, sodaß er ganz blanke Augen bekam. "Du bist durch den Graben gekrabbelt, damit ich dich nicht sehe..."

Jesper nickte und sagte: "Du bist der Schlauste, den ich kenne, Sigurd. Ich werde mich nie vor dir verstecken können."

Sigurd schob die Brust vor und plusterte sich auf. "Genau, Kleiner..."

"Los, komm weg hier, wir sind schon spät dran. Ich konnte nicht einschlafen und jetzt ist es spät."

"Laß mich ihn nur einmal sehen..." bat Sigurd.

"Was sehen?"

"Den Stein, du Dummkopf - laß mich jetzt den Stein sehen, nur einen kurzen Blick..."

"Na gut," Jesper setzte sich in die Hocke, und der Schwarze Sigurd stand auf Zehenspitzen auf dem Weg und starrte auf die glänzende Brosche.

"Wuuunderbar..." seufzte er und bekam keine Luft mehr.

"So," sagte Jesper und erhob sich. "Da muß dir nicht gleich schlecht werden, Sigurd. Das ist doch nur ein Knopf."

Gerade als sie das Pferd losgebunden hatten, das gestanden und gewartet und sich zum Weg hin umgedreht hatte, hörten sie Hufschläge weiter hinter sich. Sigurd sah zurück und zischte:

"Weg hier, Kleiner, das ist Schatten, und er kommt auf diesem Weg." Ohne weitere Erklärung hackte Sigurd mit dem Schnabel in den Rumpf des Pferdes, das sich sofort in Galopp setzte und den Weg entlang donnerte.

"Wer ist Schatten...?" rief Jesper.

Sigurd saß vor ihm auf dem Sattelknauf und schaukelte mit den Bewegungen des Pferdes hin und her.

"Ein richtiges Unglück.." zischte Sigurd. "Und - er kann mich nicht leiden, weil ich ihn aus Versehen einmal geärgert habe..."

"Aus Versehen...?"

"Ja, Mist," sagte Sigurd. "Das war, bevor ich dich getroffen habe."

Jesper legte sich auf das Pferd und versuchte, sich so klein wie möglich zu machen.

"Ich bin es überhaupt nicht, hinter dem er her ist..." schrie Sigurd überrascht. "Ich glaube, du bist es, den er zu fassen kriegen will..."

Sie donnerten über die Spiegelfläche hin, auf das große Tor zu. Die Mauer erhob sich vor ihnen, fünfzehn Meter hoch.

"Paß auf..." schrie Sigurd. Jesper starrte zum Tor, das sich langsam öffnete. Sie mußten ihn gesehen haben. Aber noch war es ein Stück Weg bis dahin. Ein Messer sauste an seinem Ohr vorbei und krachte auf die Spiegelfläche.

"Das wird er bezahlen..." rief Sigurd zornig.

Sie ritten weiter durch das Tor, ohne die Geschwindigkeit zu verlangsamen. Die Soldaten sprangen um ihr Leben, blieben zurück und sahen ihnen nach. Sie sahen Schatten vom Pferd steigen und das eine oder andere aufsammeln. Dann stieg er wieder aufs Pferd hinauf und ritt im Niemandsland an der Mauer entlang.

Was sie nicht sahen, war, daß er, als er außer Sicht war, sein Pferd auf die Mauer zu drehte, und quer durch sie hindurch ritt. Er brauchte kein Tor, um hindurch zu kommen. Keine Mauer konnte ihn aufhalten. Darum hieß er `Schatten`.

Seine Augen schauten müde unter dem Hut hervor.

Das Pferd sprang unter ihm dahin, und er folgte mechanisch dessen Bewegungen, ohne darüber nachzudenken. Wenn es über einen Graben oder über einen gefällten Baum sprang, rutschten seine schwarzen Ärmel hoch. Er fuchtelte irritiert mit den Armen in der Luft, bis die Ärmel sein Geheimnis wieder versteckten. Ein Armband aus Metal, das ein schwaches, rotes Licht aussendete.

Unmöglich es abzubekommen, unmöglich für ihn, zu erklären, warum er es bekommen hatte. Ein `Geschenk` von Electro für den, der dabei war, Abenteuerland zu verraten. Er ritt weiter über die Wiesen in Richtung auf das Schloß.

Das Pferd donnerte dahin, und Jesper hatte die Zügel losgelassen, um sich festzuklammern. Tränen standen ihm in den Augen von der Geschwindigkeit, und der Federhut flatterte in seinem Nacken.

Der Schwarze Sigurd kam vorbeigeflogen, in Höhe seines Gesichts.

"Beruhig dich nur, er ist weg..."

Aber Jesper blieb liegen. Er hatte Angst herunterzufallen.

Sigurd landete auf seinem Rücken und machte sich daran, in alle Richtungen Ausschau zu halten.

"Wie in aller Welt..." schrie er plötzlich.

Jesper sah über seine Schulter.

Weit draußen auf der linken Seite, kam ein Ritter über die Ebene geritten. Ein Ritter ganz in schwarz mit einer großen Kappe, die hinter ihm im Wind flatterte. Das Pferd war schwarz, wie sein Ritter.

"Das sieht schlecht aus..." krächzte Sigurd.

Der Ritter wollte ihnen den Weg zum Schloß abschneiden. Weiter vorn machte der Weg eine Kurve in die Ebene, und hier wollte er sie einholen.

Der Weg verlief am Waldrand. In den Wald hinein schnitt sich ein Pfad durch die Bäume.

"Bieg ab, nächstes Mal..." rief der Schwarze Sigurd. "Jetzt."

Das Pferd reagierte auf Sigurds Ruf. Es schwang sich auf den schmalen Waldpfad und verlangsamte den Ritt. Kleine Steine und Staub erfüllten die Luft und versteckten sie vor dem Blick ihres Verfolgers.

Der Kiesweg wurde schmaler und schmaler, bis er nur noch eine undeutliche Spur zwischen den Bäumen war.

Die Bäume wurden älter und größer... Nicht wie die stattlichen Stämme im Schloßpark, sondern dicker und knorriger mit verkrüppelten Ästen und einer dicken, morschen - fast felsartigen Rinde.

Zwischen den Schatten lag ein kleines, strohgedecktes Haus.

Die weißgekalkten Wände waren schief und stützten sich gegenseitig. Die Fensterrahmen waren blau angemalt und oben aus dem Schornstein stieg ein wenig Rauch, der mit dem Wind fortwehte.

"Wo zum Teufel sind wir jetzt?" flüsterte Jesper.
Das Pferd schritt näher heran.

"Keine Ahnung," krächzte Sigurd und glotzte verwirrt um sich herum.

"Wir müssen improvisieren..." sagte er und hielt die Flügel in die Luft.

"Improvisieren..?" stöhnte Jesper. "Was ist das?"

"Das..." begann Sigurd. "Das ist, wenn man etwas macht, was man nie gemacht hätte, wenn man es vorher geschafft hätte, nachzudenken…" sagte er dann und war erleichtert darüber, eine Antwort gefunden zu haben.

"Dann werde ich lieber jetzt nachdenken..." sagte Jesper. Er dachte nach, daß es rauchte, während sie sich dem Haus näherten. Als sie ganz nahe dran waren, ging knarrend die Tür auf. Aus dem Halbdunkel der Stube kam ein Mädchen zu ihnen heraus. Sie war ungefähr elf Jahre alt. Sie lächelte sie an, ohne etwas zu sagen.

Ihre blonden Haare reichten ihr bis zur Taille. Sie war gekleidet mit schwarzen Schuhen mit kleinen Spangen, weißen Söckchen, einem roten Kleid mit kurzen Ärmeln und - einem roten Hut.

"Tag," sagte Jesper und vergaß für einen Augenblick Schatten. "Wer bist du...?"

"Ich weiß es..." krächzte der Schwarze Sigurd. "Du bist Aschenputtel...?"

Das Mädchen schüttelte den Kopf. "Ich heiße Rotkäppchen," sagte sie und zeigte mit einer vielsagenden Miene auf ihren roten Hut.

"Wir sind zu blöd..." dachte Jesper. "Das hätte jeder Idiot gewußt."

Der Schwarze Sigurd schämte sich.

"Was macht ihr beide hier?" fragte Rotkäppchen.

"Wir sind auf der Flucht..." flüsterte Jesper und sprang vom Pferd.

"Weißt du eine Stelle, wo man sich gut verstecken kann?"

"Nein,..." sie schüttelte mit dem Kopf. "Ist jemand hinter euch her?"

"Schatten..." flüsterte Sigurd rauh.

"Ich weiß nicht, wer Schatten ist," sagte Rotkäppchen. "Aber ihr könnt euch gerne im Haus verstecken, also, wenn ihr aufräumt, nachdem ihr..."

Sie sah Sigurd mißtrauisch an.

"Du solltest mein Nest sehen..." krächzte Sigurd. "Was ist ein Nest ohne Ordnung...?"

"Hmm…" murmelte sie und hängte sich einen Korb um. "Nun muß ich gehen, ich muß zur Großmutter mit dem Essenskorb."

"Gibt es Wölfe im Wald...?" fragte Jesper.

"Ja, ja," nickte sie. "Aber da brauchst du dir keine Gedanken machen. Die Wölfe mögen mich nicht mehr fressen, denn jedes Mal, wenn sie es tun, kommt ein Jäger und erschießt sie..."

"Ach so..." seufzte Jesper. "Das ist auch wieder wahr." Sie war keine, die sich fürchtete, dieses Rotkäppchen. Dann eilte sie zwischen den Bäumen fort.

"Was jetzt...?" Der Schwarze Sigurd spähte in den Wald nach Schatten.

"Rein mit uns," sagte Jesper, und rannte durch die offenstehende Tür hinein.

Es gab hier keinen Flur. Sie gingen geradewegs in die Stube. Dahinter lag die Küche und eine Treppe in der Ecke führte in den oberen Stock.

"Wo?" flüsterte Sigurd.

"Du kannst auch einfach draußen auf einen Baum fliegen," flüsterte Jesper.

"Da kann er dich nicht kriegen."

"Nix," Sigurd schüttelte mehrmals den Kopf. "Wir sind zusammen für ewig..." zischte er. "Oder jedenfalls, bis ich den Stein bekommen habe."

"Na, dann..." murmelte Jesper. Und dabei blieb es.

"Er kommt..." flüsterte Sigurd von der Fensterbank.

Jesper schlich sich an den Wänden entlang, bis er hinaussehen konnte.

Schatten kam auf seinem schwarzen Pferd durch die Bäume geritten. Er sah nicht besonders suchend aus, und ihnen fiel ein, daß er es auch nicht brauchte. Denn ihr eigenes Pferd stand ja draußen und zeigte, wo sie sich versteckt hatten.

"Das ist zu dumm," sagte Jesper ärgerlich. "Nun findet er uns und dann bekommst du den Stein nicht..."

"Wem gehört das da?" fragte Sigurd. Er sah auf den Holztisch mitten in der Stube. Da standen drei Teller mit warmer Erdbeergrütze und eine Kanne mit Sahne.

"Keine Ahnung," sagte Jesper. "Komm - nach oben."

Sie eilten davon, so schnell sie konnten. Die Treppe hinauf und ins Schlafzimmer. Dort stellten sie sich ans Fenster und schauten in den Wald hinunter.

Schatten war vom Pferd gestiegen und kam auf die Tür zu. Während er lief, zog er ein Messer aus der Scheide unter dem Mantel. Im gleichen Moment rutschte ihm der Ärmel hoch und enthüllte ein Metallarmband mit einem rötlichen Licht.

"Er hat eine Liebste..." flüsterte der Schwarze Sigurd. "Sieh - er hat ihr Armband geklaut."

Da war sich Jesper nicht ganz sicher. Aber da er keinen besseren Vorschlag dafür hatte, unterließ er es, einen Kommentar abzugeben.

Schattens brennende Augen schauten unter dem Hut hervor. Dann wandte er blitzartig den Blick nach oben und sah zum Dachfenster.

Jesper sprang zurück und drückte sich gegen die Wand.

"Hat er dich gesehen..?" zischte Sigurd.

"Weiß ich nicht.." flüsterte Jesper. "Ich glaube nicht."

Sie hörten die Tür in den Angeln knarren, unten in der Stube. Dann wurde sie geschlossen. Ein Fußbodenbrett knarrte, dann und wann - aber von Schatten war kein Laut zu hören.

"Nun weißt du, warum er Schatten heißt.." flüsterte Sigurd mit großen, klaren Augen.

"Schhh..." Jesper hielt einen Finger vor den Mund, um ihn zum Schweigen zu bringen. Dann zeigte er auf einen Schrank am anderen Ende des Zimmers.

Der Schwarze Sigurd watschelte dort hinüber und schob die Tür auf. Jesper schubste ihn hinein in den Schrank, folgte selbst hinterher und zog die Tür hinter sich zu. Ein schmaler Spalt, um herauszusehen, war alles, was sie hatten.

Draußen war Ruhe. Ein Löffel klirrte auf einen Teller in der Stube.

Schatten war mit der Grütze in Gange. Sie hörten die Sahne aus der Kanne gluckern und einen, der schmatzte. Dann wurde der Löffel auf den Tisch geworfen und die Treppenstufen knarrten.

"Er kommt..." stöhnte Sigurd. Jesper hielt den Atem an und dachte an das große, blanke Messer.

Dann ging er an ihrem Spalt vorbei. Im Vorbeigehen am Schrank knallte er die Tür mit einem ordentlichen Krach zu.

Der Schwarze Sigurd hustete erschreckt.

Die Bettfedern klangen erbärmlich. Schatten hatte sich ins Bett gelegt, er war matt und hatte Zeit genug.

"Ich warte hier..." sagte eine tiefe Stimme draußen. Das war er, der vom Bett aus zu ihnen sprach. "Ha, ha..." grinste er böse. "Ihr da im Schrank - das weiß jeder.."

Sie schwitzten. Sigurd atmete hastig auf dem Boden des Schrankes. Jesper wollte sich umdrehen und stützte sich gegen die Rückwand.

Aber sobald er sie berührt hatte, rutschte sie weg. Dahinter tauchte nun eine schmale Treppe auf, eine schmale, gewundene Steintreppe, die in einem ganz schwachen Lichtschein lag.

Sigurd hastete hinaus und hopste auf die Stufen hinunter.

"Ein jeder rette sich selbst..." zischte er.

"Denk an den Stein..." flüsterte Jesper hinter ihm aus der Dunkelheit.

"Na, ja..." murmelte Sigurd, setzte sich und wartete. "Wir sind unzertrennlich..."

"Was passiert, wenn wir hier herauskommen?" rief Jesper, während er den Fuß auf die oberste Stufe setzte.

"Dann töte ich dich..." lachte Schatten heiser aus dem Zimmer.

"Und diesen geisteskranken Vogel auch..."

"Ich bin nicht geisteskrank," schrie der Schwarze Sigurd, sodaß es im Schrank dröhnte.

"Dann bleiben wir hier," rief Jesper und schlich die Treppe hinunter.

"Dann töte ich dich auch.."

Schattens rauhes Gelächter folgte ihnen die Stufen hinunter. Sie eilten davon. Die Treppe wand sich, länger und länger hinunter, bis sie in einen Tunnel mündete, erleuchtet von brennenden Fackeln in rostigen Halterungen aus Eisen. Die Bäume des Waldes oben auf der Erde bohrten ihre Wurzeln durch das Dach in den feuchten Tunnel, und der Schwarze Sigurd beeilte sich, auf Jespers Schultern Zuflucht zu suchen.

"Was nun Schlaumeier...?" zischte Sigurd.

Sie schauten in den unterirdischen Tunnel. Auf der linken Seite waren drei schwere Türen. Die Türen waren geschlossen und es war vollkommen still.

"Alles ist besser, als dieser Schatten..." flüsterte Jesper.

Oben im Zimmer lag Schatten im Bett und machte ein Nickerchen. Er wußte ja, daß sie im Schrank waren, und er war schläfrig, nachdem er sich an der Grütze auf dem Tisch in der Stube übergessen hatte.

"Na, was wird jetzt...?" rief er zum Schrank hin.

Dann stutzte er. Die Haustür wurde mit einem Krachen geöffnet und jemand kam unten herein.

Da war einer, der meine Grütze gegessen hat," sagte eine weinerliche Stimme.

"Hier ist jemand, ich kann ihn riechen..." sagte eine viel, viel tiefere Stimme. Und dann knarrten die Treppenstufen unter dem Gewicht von dem, der nach oben kam.

"Pfui, wie eklig.." dachte Schatten. "Das sind die Bären.."

Als Vater Bär sich durch die Tür quetschte, warf Schatten sich vom Bett hinunter und schlüpfte durch die Wand, hinaus auf den Flur.

Die Bärenjungen entdeckten ihn und riefen, aber Schatten war schnell und lief die Treppe hinunter, bevor sie ihn greifen konnten. Er schaffte es nicht, das Messer hervorzuholen, es ging nur darum, wegzukommen.

Schatten war nicht sehr mutig, wenn Vater Bär spielen wollte.

Der Hund mit Augen so groß wie Teetassen

Unten im Tunnel öffnete Jesper die mittlerste Tür. Es forderte alle seine Kräfte, sie aufzustoßen, worauf er in den Raum dahinter trat, mit Sigurd auf der Schulter.

"Wuuunderschön..." rief Sigurd aus und rollte mit den Augen. Im Halbdunkel begegneten sie einem phantastischen Anblick.

Mitten auf dem Boden stand eine alte Kiste, und auf der Kiste saß ein Hund, mit Augen so groß wie Teetassen.

Ein ordentlicher Lümmel.. dachte Jesper und ihm wurde ganz trocken im Hals.

Er beobachtete sie, ohne Zorn oder Freundlichkeit zu zeigen.

Rund um die Kiste herum lagen wahre Berge von Münzen und Schmuck.

Es war so ein Haufen, daß Jesper auf die Knie sank und sich nur mit Mühe zu dem Hund hinüber schleppen konnte.

"Wer seid ihr?" fragte er mit Bornholmer Akzent.

"Wir haben gerade ziemlich viele, große Probleme..." begann Jesper.

"So schlimm ist es nun auch wieder nicht..." zischte Sigurd und betrachtete die Edelsteine auf dem Fußboden mit einem wilden Blick.

"Es ist einer hinter uns her..." blieb Jesper bei.

"Ich kann niemanden sehen," sagte der Hund scheinheilig.

"Nein, aber er kann durch Wände gehen und alles Mögliche. Er heißt Schatten, und er hat ein großes Messer..."

"Schatten.." sagte der Hund langsam und blinzelte schläfrig mit seinen riesigen Augen. "Wie habt ihr hier herunter gefunden?"

"Das ist eine lange Geschichte.." antwortete Jesper.

"Gut," brummte der Hund. "Ich liebe lange Geschichten."

"Dafür ist keine Zeit," sagte Jesper. "Ich muß zum Anhalten oben aufs Schloß.. - Nein, ich meine, ich muß auf Freiersfüßen aufs Schloß.."

"Du wirst vielleicht das halbe Königreich haben...?" fragte der Hund und unterdrückte ein Gähnen.

"Erzähl es ihm, dann begnüge ich mich mit denen hier.." röchelte Sigurd, der mit einem großen Edelstein im Schnabel dastand.

Der Hund schüttelte den Kopf.

"Ach, du hast so viele.." protestierte Sigurd.

"Tut mir leid, Kleiner.." brummte der Hund. "Laß ihn fallen, oder ich bin gezwungen, böse zu werden. Und da reiß ich mich nicht drum, denn es ist so anstrengend, böse zu werden."

Sigurd schmiß die Brosche auf den Haufen mit Goldmünzen und schaute ihn ärgerlich an.

"Wir müssen weiter," sagte Jesper.

"Setzt euch auf meinen Rücken," sagte der Hund. Dann werde ich euch dort hinbringen, in Nullkommafünf."

Das taten sie. Er setzte in großen Sprüngen durch den Tunnel in der entgegengesetzten Richtung, aus der Jesper und Sigurd gekommen waren, und nach oben, durch einen hohlen Baumstamm.

Als sie oben im Wald standen, sahen sie Schatten durch die Wand im Haus der Bären flüchten. Vater Bär brüllte im Schlafzimmer, die kleinen Bären heulten auf der Treppe und Mutter Bär lief einen Besen über dem Kopf schwingend hinter Schatten her.

"Eins aufs Maul..." bemerkte Sigurd.

"Das hätte er verdient..." lachte Jesper.

Der Hund sagte gar nichts, er eilte durch den Wald in Richtung auf das Schloß.

Er hatte nicht sehr übertrieben, als er das mit dem Nullkommafünf versprochen hatte. Bevor sie bis fünf zählen konnten sprang er über die Zuckerbrücke, hinein in den Hof des Schloßes.

Sie mußten sich durch eine unzählige Menge von Kutschen und Pferdewagen schlängeln. Alle waren diesen Abend auf das Schloß gekommen, denn alle waren eingeladen und keiner wollte ein Fest am Hof verpassen.

Rinze stand auf dem Absatz oben auf der breiten Marmortreppe und empfing sie. Wenn Leute in den Saal gingen, rief er deren Namen, sodaß alle es hören konnten.

Der Hund blieb vor der Treppe stehen und legte sich hin, damit sie leichter absteigen konnten.

Keiner nahm von ihnen Notiz. Jesper fand, daß der Hund einer der merkwürdigsten war, den er jemals gesehen hatte. Aber die Leute in Abenteuerland waren merkwürdige Wesen gewöhnt, sodaß sich keiner um den Hund mit den Augen so groß wie Teetassen kümmerte.

"Nun müßt ihr selber weitersehen.." brummte der Hund und zwinkerte schläfrig mit seinen schweren Augenlidern. "Ich muß nach Hause und ein Schläfchen halten.."

"Willst du nicht mit und den Liebsten der Prinzessin sehen?" fragte Jesper.

"Ja, das würde ich gerne.." gähnte der Hund. "Aber ich will lieber schlafen und da muß man eben wählen..."

Jesper und Sigurd hüpften hinunter und bedankten sich.

"An meinem Halsband hängt eine kleine Pfeife.." sagte der Hund.

"Nehmt sie und blast hinein, wenn ihr mich braucht. Dann bin ich in Nullkommafünf da."

Jesper nahm sie, eine kleine, glänzende Pfeife aus Silber.

"Kann ich sie haben...?" fragte der Schwarze Sigurd. Er hatte wieder diesen starren Blick in den Augen.

"Nix da..." schlug Jesper ab. "Du verschluckst sie nur, und dann ist sie weg.."

"Ach.." seufzte Sigurd. Aber dabei blieb es.

"Auf Wiedersehen," gähnte der Hund, und dann verschwand er in der Dunkelheit.

"Starkes Ding.." murmelte Sigurd und hüpfte auf die Treppe.

Auf Freiersfüßen

"Herr Jesper Aksel Bergmann infolge von dem Schwarzen Sigurd.." rief Rinze.

Alle sahen auf, denn keiner kannte jemanden mit dem Namen Jesper Aksel Bergmann.

Prinzessin Isabel kam ihnen lächelnd entgegen und drückte sie herzlich.

"Wie bin ich froh, daß ihr kommen konntet," sagte sie. "Aber ihr müßt euch etwas selbst beschäftigen, denn ich muß nun dort hinauf," sie zeigte auf einen riesigen Thron mitten im Saal.

Der Thron erhob sich mehrere Meter vom Boden. In der Mitte saß ihr Vater, der König. Rechts von ihm saß ihre Mutter, die Königin.

Links vom König stand ein dritter Thronstuhl. Das war Prinzessin Isabels. Die Stühle waren geschnitzt und ausgeschmückt wie die königliche Kutsche - und über ihnen hing ein riesiger Sternenhimmel vom Dach. Die Sterne bewegten sich über den Stoff und der Mond ging langsam über dem Stoffhimmel auf.

Merlin stand hinter dem König und studierte sein Werk.

Ihr Vater, der König, war gekleidet mit einem prächtigen Mantel aus Hermelin. Auf seinem Kopf saß eine Krone, so schwer von Gold und Juwelen, daß er eine tiefe Falte auf der Stirn hatte. In seiner Hand ruhte ein Zepter mit einem Goldapfel an dem einen Ende.

Prinzessin Isabel eilte über den Boden zu dem großen Tisch mitten im Saal. Hier bückte sie sich und sprach mit einem, der durch die wimmelnden Scharen nicht zu sehen war.

Darauf ging sie durch das Gewimmel zum Thron, wo sie sich links vom König setzte.

Alle verbeugten und verneigten sich, wie es sich gehörte.

Sie richtete ihr goldenes Diadem und schaute erwartungsvoll in die Menge.

"Erlaubt mir..." brummte eine große Porzellanschale mit Deckel, und knuffte sich zu Jesper und Sigurd hindurch. "Erlaubt mir.." Als sie vor dem Jungen stand, hob sie den Deckel und sagte:

"Ich stehe zu Diensten, mein junger Freund. Ich bin bis zum Rand mit Schokolade und Lakritz Konfekt gefüllt..."

"Darf ich einen nehmen..." fragte Jesper.

"Ja, unbedingt. So viel du willst," antwortete die Schale. "Die Prinzessin hat angeordnet..."

Jesper nahm einen Lakritz und steckte ihn in den Mund. Dann, sicherheitshalber, stopfte er noch eine Handvoll in die Tasche.

Der Schwarze Sigurd setzte sich auf den Rand der Schale und hackte in sich hinein.

Wenn man erst etwas angeboten hatte, nützte es nichts mehr, wenn man es später bedauerte.

Es war eine bunte Schar, die den Saal füllte.

Sie waren alle da, all die Wesen, von denen Jesper in seinem kurzen Leben gehört hatte. Hexen, Trolle, Orks, Alfe, die Zwerge aus den Mienen, das Elfenvolk aus dem Wald bei den tausend Seen - mit Löchern in den Rücken und Pfeil und Bogen über den Schultern. Sie hielten Frieden an diesem Abend, denn der König duldete keinen Streit oder Unfrieden, jetzt, wo jeder um die Prinzessin freien konnte.

Rinze trat hinauf auf die unterste Stufe des Throns und rief mit lauter Stimme:

"Denn so verkündet der König von Abenteuerland: Laßt jeden, der sich der Ehre für würdig hält, hervortreten, und seine Liebe zur Prinzessin verkünden.."

"Es lebe der König..." riefen die Zwerge.

"ES LEBE DER KÖNIG..." riefen sie alle.

Weinbecher wurden in die Luft gehoben, worauf alle tranken, bis die Becher leer waren.

"Gibt es einen Mann mit Abenteuerblut, der sich für würdig hält?" rief Rinze.

Alle sahen sich gespannt um.

Jesper erblickte Sir Gawain. Er stand auf dem Boden links vom Thron und stützte sich auf sein schweres Schwert. Er schaute barsch unter seinem hochgeklappten Visier hervor, als wolle er sagen: "Der einzige, der einer Prinzessin würdig ist, ist ein Ritter..."

Aber er sagte gar nichts.

Alle schwiegen, alle lauschten. Und nun hörten sie es von weit weg.

Eine Laute, die eine frohe, kleine Melodie spielte. Jesper erkannte die kleine Melodie wieder, denn es war die, die der Vogel in dem Goldkäfig an dem Tag gesungen hatte, als sie ihn ihm gezeigt hatte. Nun sang er aus dem Goldherzen auf ihrer Brust.

Der Gesang verschmolz mit einem fernen Klimpern auf einer Laute, und alle summten und lächelten und fühlten sich leicht und glücklich.

Sie hörten ihn über die Zuckerbrücke reiten, in den Hof des Schloßes und auf die Marmortreppe. Der Saal hallte wieder von dem Geklapper der Hufe auf dem glatten Boden. Dann tauchte er auf, während die Menge jubelte und ihn willkommen hieß.

Durch sein Spiel wurden sie froh und sangen dazu, und sie wußten, daß er der einzige war, der ihrer würdig war.

Der Prinz von Symphonien auf dem braunen Pferd, der zur Melodie, die er spielte schweben konnte. Als er durch den Saal auf den Thron zuritt, hob der König die Hand.

Alle schwiegen und starrten in gespannter Erwartung hinauf.

Wenn der König sein Freien begrüßen würde, würde er sie auf sein braunes Pferd nehmen und sie entführen, wie es Brauch in Abenteuerland war.

Und die Soldaten des Königs würden sie verfolgen und sie befreien, und er würde die Wahl haben, sich mit ihr zu verheiraten oder den Tod durch Enthaupten zu erleiden. Jesper wunderte sich darüber, warum sie nicht einfach heiraten konnten. Aber so war die Tradition hier, ob er es verstand oder nicht.

Er blieb auf dem Pferd sitzen, aber er schwang die Laute auf den Rücken und verbeugte sich tief, während er den Hut abnahm. Dann schaute er - zuerst auf Prinzessin Isabel - darauf zum König und der Königin, und sagte:

"Erlaubt mir, mit dem tiefsten Respekt, um die Hand eurer Tochter und das Recht auf das halbe Königreich anzuhalten..."

Der König sah unter seiner tiefen Falte auf ihn herab.

Er versuchte überrascht auszusehen, obwohl alle wußten, daß sie einander schon viele Jahre geliebt hatten - die Prinzessin und er - Prinz Dur von Symphonien.

Er hatte braune Augen - der Prinz. Die ganze Zeit lächelte er lustig, und das Pferd trippelte und wartete darauf, mit ihnen beiden durchzubrennen.

"Er nimmt sie für eine Geldschuld.." brummten die Orks und grinsten ihr heiseres Lachen. Aber Merlin sah sie mit einem scharfen Blick an, der ihre Bärte zu Eis gefrieren ließ.

"Wer bist du, der auf diese Weise um die Hand meiner Tochter anhält..?" fragte der König mit tiefer Stimme.

"Das weiß doch jeder.." grunzte das Schwein mit dem Messer im Rücken. Und der ganze Saal schüttelte sich vor Lachen und alle riefen: "Es ist Prinz Dur von Symphonien.."

Und der König lächelte, und alle lachten und waren froh, denn sie liebten es, froh zu sein.

"Ich bin Prinz von Symphonien, gnädiger König. Und Dur ist mein Name."

"Hurra,,," brüllten alle im Saal. "Hurra..."

Selbst die Orks lachten und freuten sich, wie Orks sich nun mal freuen können, denn in Wirklichkeit sind sie ja ziemlich schlecht.

"Aha, ein Prinz..." sagte der König und erhob sich schwer. "Wie kannst du beweisen, daß du der bist, für den du dich ausgibst?"

Prinz Dur mußte auf diese Frage vorbereitet sein, denn er schwang die Laute vom Rücken und begann zu spielen.

Die Töne seiner kleinen Melodie wallten hinaus aus dem Saal über Abenteuerland hinweg und verzauberten sie alle. Es war so offenbar für jeden, so offenbar wie eine Sache, die man einfach weiß, ohne daß sie noch erklärt werden muß.

Der Vogel sang von ihrer Brust, einen Gesang, der ihnen Lust machte ewig zu leben, und das Glück zu erleben, daß keiner, der es wirklich wünscht, jemals wieder verlieren will.

"Nun ja," sagte der König, und er hielt inne mit seinem zauberhaften Spiel.

"Sind noch andere zur Stelle, die Zweifel an der Berechtigung dieses Freiers haben...?" fragte der König und schaute in die tausendzählige Menge.

"NEIN.." brüllte die Schar im Chor. Er sollte es sein, denn dieser Meinung waren sie immer gewesen.

Prinz Dur schaute seine Isabel verliebt an, und sie ihn, und dann vergaßen sie ganz die Tausenden von Gästen und hörten den Lärm aus dem Saal nicht mehr.

Und dann - mitten in dieser glücklichen Verzauberung - geschah das Unglaubliche, das, was niemand erwartet und auch keiner gewollt hatte und nie wieder jemand wollen würde, solange Abenteuerland bestand.

Es kam ein Freier dazu...

Der Freier

Es begann mit einem scharfen Summen, einem drohenden, lärmenden Gesang vom Hof des Schloßes. Irgendwer war gekommen, einer, der nicht eingeladen war.

Der König hob die Hand mit dem Goldzepter und wartete die Ankunft des Uneingeladenen ab.

Prinz Dur schaute über seine Schulter, ihm war übel zu Mute. Die Laute lag in seinen Händen, so tot wie der Wind der in einer Welt ohne Seele bläst.

Und dann warteten sie, und warteten - während der Lärm an Stärke zunahm und die Gäste sich näherten.

Erst kam sein Gefolge. Sie bahnten ihm den Weg mit ihren schwachen, piepsigen Stimmen und leuchtenden, künstlichen Augen.

"Das sind sie..." röchelte der Schwarze Sigurd und spuckte ein Lakritz auf den Boden. "Das sind die kleinen MegaByte.."

"Stark..." dachte Jesper. Sich mitten unter Robotern und Abenteuerfiguren zu befinden, das war einfach stark. Auch dachte er, daß, wenn das Ganze im Tumult endete, es besser sei, vorbereitet zu sein. Darum füllte er auch die andere Tasche mit Konfekt, und stellte sich hin, um zu warten.

Hinter den kleinen MegaByte kam ein GigaByte. Er summte hinein, leicht wie eine Fliege, und leuchtete mit seinen künstlichen Augen herum.

Und nun entdeckten sie, daß nach denen, die sich einen Weg durch die Menge bahnten, die Spiegelfläche unter ihnen hervorkam.

Der Schachmusterboden verschwand, der Boden wurde zu Nichts, wie der See vor dem Tor zum Abenteuerland. Der See mit den weißen Schwänen.

Die Orks wurden unruhig und knurrten.

Der GigaByte-Mann drohte ihnen mit seinen langen Messern und ein Ork hämmerte ihm eins auf die Schnauze, sodaß das Licht in seinem einen Auge ausging.

Der König erhob die Stimme und rief durch den Lärm: "Laßt unsere Gäste vortreten. Hier soll kein Unfrieden herrschen, solange ich König von Abenteuerland bin."

Und dabei blieb es, denn keiner traute sich gegen den König an.

Dann kam er, der, der die Prinzessin zu gewinnen wünschte und das halbe Königreich, das rechtlich Prinz Dur zustand.

Electro

Ein schwarzes Loch in der Luft, das über die Spiegelfläche auf den Thron zu surrte. Ein Loch, in das kein Licht drang. Das war er, den alle fürchteten.

Das war Electro...

Der Vogel an Isabels Brust hörte auf zu singen, und die Furcht schlich sich in sie hinein, wie ein feuchter Nebel, der sie mißmutig machte.

Merlin stand beim Thron, dicht beim Stuhl des Königs, mit den Armen quer über der Brust. Die Eule, Archimedes, schaute auf das schwarze Loch in der Luft mit ihren großen Augen. Sie sah vor allen anderen, daß Electro im Schatten Formen annahm. Mitten in dem schwarzen Loch, nahm er Gestalt an.

Ein Wesen aus blankem, glänzendem Stahl. Geschaffen nach menschlichem Vorbild mit zwei Armen und einem Kopf. Das Gesicht war ein bronzefarbener Bildschirm. Die Arme mit den mechanischen Greifern hingen steif an den Seiten herunter. Beine hatte Electro keine, aber dafür ein Untergestell, wo Datenbänder leise schnurrten, hinter einem Schutz aus gehärtetem Glas.

Die computergesteuerten Räder wirbelten mit einem schwachen Summen herum und führten ihn durch die Menge auf den Thron zu. Über dem gepanzerten Oberteil mit den vielen blinkenden Lampen hatte er als eine Art Schild einen Mantel aus einer rotlackierten, gebogenen Metallplatte.

Er wünschte selbst einem König zu gleichen, was er ja eigentlich auch war - in DOS.

Der König von Abenteuerland stand auf der Treppe vor dem Thron und starrte auf Electro herab. Dann richtete er sich auf, unter keinen Umständen wollte er die Würde verlieren. Er war ein richtiger König.

"Erzähl uns aus welchem Anlaß du hierher kommst..." sagte der König. "Aber erzähle uns zuerst, wer du bist."

Es war ganz still im Saal, wenn man von dem schwachen Summen von Electro und dem GigaBytemänner an seiner Seite absah.

Electro hob den einen mechanischen Arm und zeigte mit dem Greifer auf Prinzessin Isabel.

"ICH...BIN...ELECTRO..." antwortete die künstliche Stimme. "ICH... WÜNSCHE... MICH... MIT... DER... PRINZESSIN... ZU... VERHEIRATEN..." Er drehte sich etwas auf die eine Seite und beobachtete Prinz Dur durch seine bronzefarbene Kuppel. "UND... ICH... HABE... ANSPRUCH... AUF... DAS... HALBE... KÖNIGREICH..."

Es ruhte eine Totenstille über dem Saal.

Der Elfenkönig stand zwischen seinen Bogenschützen und bebte vor Zorn. An seiner Seite stand die Elfenkönigin, schön und still, und sah Electro eiskalt an.

Ein großer Ork bahnte sich den Weg durch die Menge auf ihn zu.

"ICH... WÜNSCHE... EINE... ANTWORT..." sagte Electro metallisch. Die GigaBytemänner stand an seiner Seite und grinste aus den Transistoren.

Der Ork kam näher. Er stürmte zwischen dem Elfenvolk hervor, während er mit deutlichen Zeichen des Zorns Electro anstarrte.

"Haltet ihn auf.." rief der König und zeigte auf den Ork. Aber es gab nichts, was einen großen Ork aufhalten konnte, wenn der erstmal eine Idee in seinem langsam arbeitenden Gehirn hatte. Er stellte sich vor Electros Bildschirmgesicht, groß und riesig. Er lehnte sich zu ihm und glotzte auf die Kuppel.

"Ich habe dich und deine kleinen Knöpfe satt.." brüllte der Ork, sodaß der Schirm feucht von seiner Spucke wurde.

"NIMM... DICH... IN... ACHT..." sagte Electro langsam.

Der Ork hatte einen mächtig vorstehenden Unterkiefer. Die unteren Eckzähne reichten vom Unterkiefer bis halb die Backen hinauf. Sein struppiges Fell bedeckte den ganzen enormen Körper, darum waren Orks auch nie bekleidet.

Merlin ging hin unter die ausgestreckten Arme des Orks und sah ihm in die Augen.

"Entweder tust du, was unser König befiehlt..." sagte Merlin laut. "Oder ich bestrafe dich auch, daß du es nie vergessen wirst."

Electro verhielt sich passiv. Er wartete, um zu sehen, wie Merlin gedachte, mit einem Ork dieser Größe fertig zu werden.

Der Ork starrte wütend auf den kleinen Merlin herab. Der Zauberer rieb sich den Bart, ruhig und gelassen, während er dessen Antwort abwartete.

"Wenn er ihn nur unter Kontrolle behält..." dachte Jesper und hielt dem Schwarzen Sigurd den Schnabel zu.

"Bloß sicherheitshalber.." flüsterte Jesper. "Du kannst nie recht lange den Mund halten, wenn..."

Im Innersten gab Sigurd ihm Recht. Er hatte gerade daran gedacht, laut herumzufluchen.

Der Ork ballte seine große Faust, und sah aus, als würde er gleich in die Luft gehen. Dann - statt Merlin etwas zuleide zu tun - griff er den GigaBytemann an seiner Seite und hob ihn über seinen Kopf.

Darauf schleuderte er den GigaByte durch die Luft, aus der Balkontür und hinaus in den Park, wo er mit Lärm und Spektakel in tausend Teile zerbarst.

Archimedes, Merlins kluge Eule, flog auf den Balkon und schaute hinunter. "Total kaputt..." rief er von draußen. "Ganz und gar kaputt..."

Unter all diesem Tumult war Merlin auf die spiegelblanke Fläche getreten, worauf Electro stand. Das Schicksal wollte, daß Merlin vergaß, sich in Acht zu nehmen. Er dachte nur daran, das Geschehen aufzuhalten - und den Ork.

Merlin war der Einzige in Abenteuerland, vor dem Electro Respekt hatte. Und nun sah er seine Gelegenheit, Merlin zu löschen. Denn er konnte alles löschen, was auf dieser Fläche stand, genauso leicht, wie Jesper ein Lakritz durchbeißen konnte.

"ICH... ELECTRO... MACHE... DICH... ZU... NICHTS..." sagte Electro mit seiner künstlichen Stimme.

Merlin bemerkte seinen Fehltritt - aber zu spät. Er verschwand mit einem Flimmern - und war weg.

"ICH... ELECTRO... BIN... DER... MÄCHTIGSTE..." Die Stimme klang kalt und verzerrt.

"MÄCHTIGER... ALS... MERLIN..."

Der König wankte zurück und setzte sich mit einem Seufzer in den Thronstuhl.

Der Ganzen tausendzähligen Schar blieb die Luft weg. Sie glotzten wie erschlagen auf dieses Wesen und trauten sich fast nicht, mit den Augen zu blinzeln.

"DIE... PRINZESSIN... UND... DAS... GANZE... KÖNIG-REICH!" donnerte Electro.

Er wollte das Ganze haben. Nichts weniger. Denn so war Electro.

Der König von Abenteuerland starrte ihn leer an, ohne etwas zu sagen.

Sir Gawain, der tapferste von allen Rittern, trat vor und stieß das Schwert in den Boden. Er beobachtete den bronzefarbenen Bildschirm und sagte:

"Was kannst du unserer Prinzessin bieten, außer einer Welt, die das Nichts ist...?" Er stand da mit den Händen auf dem Schaft des Schwertes ruhend.

"ICH... BEFEHLE... ICH... STELLE... DIE... FRAGEN..." antwortete Electro.

Er drehte sich auf seinen schnurrenden Rädern herum und schaute durch den Bildschirm auf das Volk von Abenteuerland.

"ES... IST... DER... SCHMUCK..." sagte er tonlos."GEBT... MIR... DAS... GOLDHERZ... MIT... DEM... GLÜCKS-VOGEL..."

Prinzessin Isabel erhob sich vom Stuhl auf dem Thron und ging langsam die Stufen hinunter. Während sie ging öffnete sie den Kragen ihres Kleides und zog die Halskette hervor. Sie funkelte so schön im Licht und alle starrten ergriffen auf sie, ohne den Blick von ihr abwenden zu können.

Sir Gawain ging ihr entgegen und streckte eine Hand vor. Sie löste die Kette und ließ sie in seine offene Handfläche fallen. Es war so klein und zerbrechlich, das Herz mit dem Glücksvogel. Und er sang schöner als je zuvor - denn sie sollten wünschen, ihn zu behalten und ihn nicht an Electro ausliefern.

Sir Gawains Hand schloß sich um das Goldherz, worauf er sich umdrehte.

"Ich fordere dich zum ehrlichen Kampf heraus.." sagte er laut.

"Willst du dieses Herz haben, mußt du um es kämpfen..."
"DU... BIST... NUR... EIN... HAUFEN... GERÜMPEL..." sagte Electro. " GEGEN... MICH... BIST... DU... UNBEDEU-TEND... WIE... EIN... MEGABYTE..."

Sir Gawain erstarrte. Langsam zog er das schlagkräftige Schwert aus der Scheide und spannte sein Schild fest um den Arm. In der Hand, die den Griff des Schildes hielt, lag das kleine Goldherz.

"MÄCHTIGER... ALS... MERLIN..." sagte Electro.

"Möge der Bessere von uns gewinnen..." rief Sir Gawain und schlug das Visier herunter.

Electro summte voran. Die Spiegelfläche trieb vor ihm her über den Boden unter ihren Füßen.

Sir Gawain trat zurück, weg vom Spiegel, der auf ihn zu kam.

Er wußte nur allzu gut, was passieren würde. Aber mitten im Gehen stieß er mit den Hacken gegen die unterste Stufe des Thrones, und fiel auf den Boden. Er erhob sich schwer und klobig, und hob das Schwert zum Schlag. Die Klinge heulte durch die Luft gegen den Bildschirm, während der Spiegel unter seine Füße trieb.

"WERDE... ZU... NICHTS..." sagte Electro.

Sir Gawain verschwand mit einem rötlichen Flimmern. Mit dem Schwert und allem anderen. Als er verschwunden war, klirrte das Goldherz auf den Boden vor den Fuß des Thrones.

"Ein Schmuckstück..." rief der Schwarze Sigurd und warf sich in die Luft.

"Bleib hier.." schrie Jesper, aber zu spät.

Sigurd tauchte zum Boden ab, Electro summte heran um ihn aufzuheben, aber Sigurd kam zuerst. Er griff ihn mit dem Schnabel, ohne zu landen, und beeilte sich in das Gewimmel zu kommen und zu verschwinden.

"WER... NAHM... IHN...?" brüllte Electro.

"Sigurd nahm ihn..." jubelte die Menge. "Sigurd nahm ihn..."

Die Spiegelfläche strömte unter ihnen aus und füllte den Saal, während alle Hals über Kopf flüchteten. Der König und die Königin blieben sitzend zurück.

Prinz Dur beugte sich vom Pferd hinunter, griff Prinzessin Isabel unter den Armen und zog sie zu sich hoch. Dann spornte er sein Roß und donnerte durch die Balkontür hinaus, die offenstand. Hinaus über das Brustwehr und fort durch den Park.

"HALTET... SIE... AUF..." befahl Electro zornig.

"Halt sie selber auf, du Käse..." schrie der Schwarze Sigurd, gerade als er auf Jespers Schulter landete. "Komm jetzt, Macker, nun verduften wir beide..."

Jesper nahm die Kette mit dem Goldherzen und steckte sie in die Tasche. Dann eilte er in den Gang zu der Marmortreppe im Hof des Schloßes.

Alle machten ihnen Platz, weil alle wußten, daß sie den Glücksvogel hatten, und keiner - selbst nicht die groben und stumpfsinnig denkenden Orks - wollten, daß er in Electros Hände fiel.

Die Spiegelfläche strömte hinter ihnen her. Wie glänzende, ölige Farbe, die ausläuft, ohne aufgehalten werden zu können. Electro verfolgte sie. Er summte durch die Gänge und sah sie im Hof des Schloßes stehen.

"HALT..." befahl er. Der Spiegel floß hinter ihnen her, die Stufen hinunter.

"Was machen wir jetzt?" fragte Sigurd. "Kannst du mir nicht einfach jetzt den Stein geben? Dann kannst du das Herz mit dem kleinen Quatschkopf behalten, als Gegenleistung?"

"Verräter..." sagte Jesper. "Wenn er stirbt, dann sterben alle in Abenteuerland, auch du - schlauer Sigurd."

"Weg hier, Kleiner.." Sigurd glotzte ihn verständnislos an. "Worauf warten wir noch?"

Electro summte die Treppe hinunter.

"Ich kann nicht vor Electro davonlaufen.." seufzte Jesper. "Er ist in Nullkommafünf hinter uns.."

"Nullkommafünf.." stöhnte Sigurd. "Der Hund, Mann. Pfeif nach dem Hund und bete, daß er wach wird."

Jesper suchte nervös nach der Pfeife. In der linken Tasche war sie nicht - aber glücklicherweise war sie in der Rechten.

Die Spiegelfläche floß auf die Zuckerbrücke und - auf sie zu.

"Meine Mutter wird verrückt, wenn er uns löscht.." sagte Jesper. Dann blies er in die Pfeife. Einen klaren, anhaltenden Ton.

"ZZZZzzzuummm..." heulte es in der Luft, dann stand er da. Der Hund mit den Augen so groß wie Teetassen.

"Ihr habt gerufen..?" gähnte er schläfrig.

"Bring uns weg von hier..." bat Jesper. "Sonst sterben wir.."

"Ja, ja .." sagte der Hund. "Laßt uns sehen, wie es wird.."

Er rieb das eine riesige Auge mit der Rückseite seiner Vorderpfote.

"Electro kommt - er ist gleich da..." Es summte nahebei.

"Electro..?" Der Hund starrte ihn vollkommen wach an. Die Augen waren einen Augenblick so groß wie Mühlenflügel, dann kletterte Jesper hoch und hielt sich fest. "Weg hier.." brummte der Hund und dann waren sie fort.

Electro summte mit großer Geschwindigkeit auf sie zu. Der Spiegel zischte über die Zuckerbrücke, alles wurde zu Nichts.

Aber Electro wurde geschlagen - wieder einmal.

Dann überwand er den Schmerz. Den Schmerz, den der seiner Knechte abbekam, den er sehen wollte, der zu ihm kommen sollte, fast schneller, als es möglich war. Dieses Mal war der Knecht Schatten...

Ein Verfolger

Weit weg, in einem öden Haus auf einer Ebene, saß Schatten in der Stube und schaute in die Glut des Kamins. Er wohnte hier - weit weg vom Schloß und denen, die er früher einmal gekannt hatte. Er dachte an den Jungen im Haus der Bären und den blöden Vogel, den er bei sich hatte. Und er dachte, daß es gut war, daß Electro nicht wußte, wie dicht dran er gewesen war, sie zu fangen.

Draußen im Stall unter dem Strohdach stand das schwarze Pferd festgebunden.

Er zog den Ärmel hoch und rieb sich das Handgelenk, denn das Armband scheuerte an seiner Haut und störte ihn. Und dann, gerade als er so saß und an Electro dachte, überfiel ihn ein Schmerz, und das Kettenarmband glühte. Das rote, flimmernde Licht erfüllte die dunkle Stube und die Kettenglieder versengten seine Haut. Er sprang auf und brüllte seinen Schmerz hinaus, aber es war keiner da, der es hören konnte.

Keiner, außer dem Pferd draußen im Stall.

Electro rief ihn zu sich, und er war gezwungen, zu gehorchen. Er stürzte aus der Tür, band das Pferd los und ritt wie der Wind über die Ebene, auf die Stelle zu, von der der Schmerz kam. Kurz darauf traf er Electro auf der Zuckerbrücke beim Eingang zum Hof des Schlosses, des Königschlosses in Abenteuerland. Electro stand auf der Brücke und schaute in die Dunkelheit hinaus.

"ENDLICH... KOMMST...DU..." flüsterte er kalt.

"Ich kam, so schnell ich konnte..." stöhnte Schatten. Er schwitzte unter dem Hut, denn der Schmerz von den Kettengliedern am Handgelenk war fast nicht auszuhalten.

"BESCHAFF... MIR... DEN... JUNGEN..." befahl Electro.

"DU... WEIßT... WEN... ICH... MEINE..."

Schatten nickte schweigend. "Wo ist er?"

"VIELLEICHT... IN... DER... WIRKLICHEN... WELT..." antwortete Electro.

"FINDE... IHN... UND... DAS... HERZ... MIT... DEM... GLÜCKSVOGEL..."

"Und was ist dann mit dem Jungen?"

"TÖTE... IHN..." sagte Electro.

Schatten stöhnte sehr laut.

"SCHMERZEN... GROß..." fragte Electro.

"Ja..." seufzte Schatten. "Sei so nett und mach, daß es aufhört.."

"VERGIß... NICHT..." sagte Electro.

"ER... KANN... DICH... AUCH... IN... DER... WIRKLICHEN... WELT... ERWISCHEN..."

"Ich weiß ..." stöhnte Schatten. "Ich werde es nicht vergessen."

Der Schmerz hörte auf, das Armband verlor die Kraft in seinem Licht. Aber es glimmerte ständig, schwach und drohend.

Schatten spornte sein Pferd und verschwand in der Dunkelheit, in Richtung des Tores zum Niemandsland.

Auf der Flucht

Die Soldaten hatten das Tor geöffnet, lange bevor sie sich ihm genähert hatten. Sie wußten, daß Jesper und der Schwarze Sigurd kamen, und sie wußten, daß sie das Glücksherz hatten, denn Archimedes - Merlins kluge Eule - war vor wenigen Augenblicken zu ihnen gekommen.

Der Hund sauste durch das Tor, ohne anzuhalten, über die Spiegelfläche auf dem Schwanensee und weiter zu der Stelle, wo das Feld und der Wald aufeinandertrafen, im Niemandsland.

Archimedes folgte ihnen. Er landete am Wegesrand, gerade als die Turmuhr drinnen hinter der Mauer des Abenteuerlandes ihren ersten Schlag tat.

"DONG..." dröhnte es weit weg.

"Ich vergaß," sagte der Hund mit den Augen so groß wie Teetassen. "Ich muß zurück sein, bevor die Uhr zwölf schlägt..."

"Wir sehen uns," sagte Jesper. "Und danke - ohne dich wäre ich jetzt gelöscht..."

"Keine Ursache.." gähnte der Hund. "Jetzt brauch ich aber ein kleines Schläfchen. Ich werde immer so kolossal müde, wenn ich etwas getan habe."

Dann verschwand er, noch bevor sie mehr sagen konnten.

Jesper setzte sich an den Grabenrand mit Sigurd auf der Schulter. Im Abenteuerland schlug die Uhr ihren zwölften Schlag.

"Was ist mit dir..?" fragte Jesper.

"Ach..." seufzte Archimedes. "Ich kann etwas zaubern - nur so für den Hausgebrauch. Ich brauche nicht rechtzeitig zu Hause zu sein."

"Wir sehen uns," sagte Jesper, legte sich hin und schloß die Augen.

"Was ist mit dir?" fragte Archimedes.

"Ich gehe mit..." krächzte der Schwarze Sigurd. "Wir sind unzertrennlich - wir zwei..."Dann setzte er sich auf Jespers Brust und wartete, daß er einschlief.

"Gute Reise..." sagte Archimedes und flog zurück über die Mauer.

Was ist wirklich?

Dann - noch einmal - es war allmählich schon fast eine schlechte Gewohnheit - sauste Jesper zurück, fort aus der Traumwelt, mit Sigurd auf seiner Brust sitzend. In seine eine Hand gepresst hielt Jesper das Goldherz mit dem Glücksvogel.

Er erwachte zu Hause in seinem Bett, müde und verwirrt. Sigurd saß auf der Decke und sah ihm tief in die Augen.

"Schläfst du?" fragte er.

"Nicht mehr.." gähnte Jesper und streckte sich. "Zum Teufel, wie würde ich gerne nicht zur Schule gehen..."

"Was ist Schule..?" fragte Sigurd.

"Das ist etwas, in das Kinder gehen müssen, um genauso klug zu werden, wie ihre Eltern..." antwortete Jesper. "Alle Kinder hier gehen zur Schule, machen Hausaufgaben und müssen nachsitzen..."

Sigurd schüttelte leise den Kopf. Er wußte nicht, was Hausaufgaben und Nachsitzen waren.

"Ts, ts.." seufzte er. "Es gibt keine Schulen in Abenteuerland. Du solltest lieber da wohnen. Da machen wir Spaß und Radau, den ganzen Tag..."

"Das darf ich wohl nicht," sagte Jesper. "Meine Eltern sagen immer die Schularbeiten kommen zuerst. Erst die Arbeit - dann das Vergnügen..." jammerte Jesper und machte die Stimme seines Vaters nach.

Sigurd sah sich im Zimmer um. "Sehr nettes Plätzchen..." bemerkte er.

"Genau wie alle anderen Zimmer," sagte Jesper.

"Da kommt jemand.." flüsterte Sigurd.

Jesper schubste ihn unter die Decke und sprang aus dem Bett. Dann beeilte er sich, alles Zeug auszuziehen und es im Schrank zu verstecken, zusammen mit dem Säbel. Das Goldherz mit dem kleinen Glücksvogel versteckte er in der obersten Schublade der Kommode.

Die Tür wurde aufgerissen und der Mief von verbranntem Brot aus dem Toaster unten in der Küche dampfte ins Zimmer. Sigurd hustete unter der Decke.

"Guten Morgen," sagte seine Mutter. Sie war morgens immer so energisch. "So früh auf?"

"Ich konnte nicht mehr schlafen..." sagte Jesper schnell und behielt die Decke im Auge.

"Beeil dich mit dem Anziehen.." sagte seine Mutter. "Dann werde ich jetzt dein Bett machen und hier lüften. Und dann mußt du auch noch ins Bad..."

Sie rümpfte die Nase, als ob sie sagen wollte, daß er Schweißfüße hätte - obwohl der Gestank vom Toaster alles überdeckte.

"Ich glaube, das Brot brennt, Mutter..."

"Oh Gott, das Brot..." kreischte seine Mutter und stürzte aus der Tür, wie immer.

"So ist es eben..." flüsterte Jesper Sigurd zu, der den Kopf unter der Decke hervorstreckte. "Sie kommt zurück, wenn sie das Feuer gelöscht hat. Sie darf dich nicht in meinem Bett finden."

Mit diesen Worten öffnete er das Fenster und sagte zu Sigurd, daß es nötig sei, hinauszuschlüpfen.

"Es schneit..." sagte Sigurd aufgebracht. "Ich bin Wärme gewöhnt und ein gutes Essen..."

"Hau ab.." sagte Jesper. "Du kannst doch riechen, was es für ein Essen ist, das wir in diesem Haus kriegen."

Sigurd schaute in den Flur. Der Rauch des verkohlten Frühstückbrots schlich sich träge die Treppe hinauf.

"Jaah..." seufzte Sigurd. "Das riecht nicht gut. Wir sehen uns später..."

Dann hüpfte er auf das Fensterbrett, setzte ab und flog hinüber in eine Birke mitten auf dem Rasen. Jesper schloß das Fenster und zog sich an.

Er beeilte sich mit allem. Frühstücken, das Fahrrad aus dem Carport holen und in die Schule düsen. Je schneller der Tag verging, je schneller würde es Abend werden.

Eingeholt

"Jesper, du sitzt und schläfst.." Das war Tove, die Dänisch-lehrerin.

Ihre scharfe Stimme hallte durch den Raum, und alle drehten sich um und sahen ihn an.

"Ich schlafe nicht.." sagte Jesper bestimmt. "Ich dachte nur an einige Dinge, die in diesem Augenblick passieren..."

"Hmm.." grunzte Tove und warf ihm einen schiefen Blick zu. "Pass lieber in der Schule auf, junger Mann. Dann wird noch was draus, du wirst sehen..."

Jesper träumte weiter. Er dachte an Merlin, den Zauberer der Zauberer, der so plötzlich in eine schlaue Falle gegangen war und nicht länger existierte.

In der Pause packten sie ihre Pausenbrote aus und begannen, zu essen.

Draußen schwebte der Schnee vom Himmel. Ein leichtes, wießes Pulver, daß unmerklich leise Häuser und Straßen bedeckte.

"Tik...tik...tik..."

Irgendjemand hämmerte mit etwas hartem gegen das Fenster.

Die Scheiben waren beschlagen und Henrik erhob sich und wischte eine Stelle auf dem Glas mit dem Ärmel seiner Jacke trocken. Dann erstarrte er und trat einen Schritt zurück.

"Jesper - komm mal eben..."

Jesper stand auf und verließ sein gewöhnliches Essenspaket. Dann schaute er durch die Scheibe, über die Schulter von Henrik.

Es war der Schwarze Sigurd. Er saß draußen in dem fallenden Schnee und schüttelte sich irritiert. Er war erleichtert, als er Jesper erblickte.

"Mach das Fenster auf," sagte Jesper. "Das ist Sigurd."

"Sigurd?"

"Einer meiner Freunde," sagte Jesper schnell. "Ich werde es dir noch erklären, später..."

Er öffnete das Fenster und die kalte Luft strömte in das Klassenzimmer.

"Was macht ihr mit dem Fenster..?" rief Tove.

"Wir gucken nur raus.." antwortete Henrik.

"Mach es zu," heulte Gurli. " Ich frier."

"Er ist gekommen.." Sigurd klapperte mit dem Schnabel und schüttelte den Schnee von den Flügeln.

"Wer?"

"Schatten.." krächzte er. "Ich glaube, er sucht uns..."

"Das Goldherz.." stöhnte Jesper. "Es liegt zu Hause in der Kommode."

"Gib diese Schule auf, Kleiner," plapperte Sigurd.

"Wir sehen uns gleich," sagte Jesper und schloß das Fenster.

"Darf ich bitte nach Hause gehen..?" rief er. "Mir ist schlecht..?"

Er hielt sich den Bauch und versuchte, blaß auszusehen.

"Vorhin ging es dir doch noch gut..?" antwortete Tove.

"Das stimmt," sagte Henrik. "Er hat sich in der Pause übergeben."

"Hmm.." Tove war auf der Hut.

"Ich gehe auf jeden Fall jetzt.." stöhnte Jesper und schleppte sich zur Tür.

"Warte, bis ich deine Eltern angerufen habe," sagte Tove. "Du kannst nicht nach Hause gehen, wenn keiner zu Hause ist." Mit diesen Worten verließ sie die Klasse und verschwand den Flur hinunter.

"So ist es eben," flüsterte Jesper. Er nahm seine Jacke vom Haken und zog sie an, während er zu rennen begann.

"Ich gehe mit ihm nach Hause," rief Henrik den anderen zu. "Er ist zu krank, um allein zu gehen."

"Ja, ja," riefen die anderen und sahen sie in vollem Lauf den Flur hinunter verschwinden.

Unten im Schulhof kam Sigurd zu ihnen geflogen und landete auf Jespers Schulter.

Henrik war am Anfang etwas vorsichtig. Sigurd war doch ziemlich groß.

"Er kam aus dem Wald, vor kurzer Zeit," sagte Sigurd heiser. "Kein Zweifel, daß er es war."

"Wenn er das Herz findet, ist es um Merlin geschehen..." keuchte Jesper und lief weiter.

Sie eilten davon so schnell sie konnten.

Bei der Einfahrt sahen sie Spuren auf dem Rasen. Sie waren schon fast zugeschneit, er war hier vor kurzer Zeit gewesen.

"Das ist er," flüsterte Sigurd. "Er ist hinter dem Schmuck her..."

"Du mit deinem Schmuck.." fauchte Jesper.

Sie eilten weiter, die Spuren führten um das Haus herum, dann wieder weg über den Rasen und hinunter auf den Bürgersteig.

"Er ist gegangen," flüsterte Jesper.

"Er kommt wieder," flüsterte Sigurd. "Da kannst du sicher sein."

"Ich geh besser wieder in die Schule," sagte Henrik. "Nun hab ich dich ja nach Hause gebracht."

"Ja, hau nur ab..." sagte Jesper. "Grüß die anderen und sag, daß es etwas dauert, bis ich wieder in die Schule komme."

Henrik verließ sie und ging fort in Richtung auf die Schule, deutlich verwirrt.

Die ganze Zeit drehte er sich um und schaute zurück, um einen letzten Blick auf Sigurd zu werfen. Nach so etwas Merkwürdigem mußte man sich einfach umdrehen. Keiner auf der Welt würde einem das glauben, dachte er.

Jesper stand auf dem Rasen und beobachtete den Schnee, der dicht herabrieselte und Häuser und Bäume einpuderte. Der

Schwarze Sigurd saß oben auf dem Schornstein und hielt nach Schatten Ausschau. Aber er war nirgendwo - soweit Sigurd sehen konnte.

Jesper beeilte sich, um hineinzukommen, stieß die Haustür auf und verschloß sie wieder.

Sigurd studierte ihn mit glänzenden Augen.

"Nur ruhig, Kleiner. Ich bin ja bei dir..." Er stolzierte auf dem Küchentisch herum, während er in die Schüsseln und auf die Teller im Geschirrständer schaute.

"Hast du Hunger?"

"Wir Lebenskünstler..." raspelte er, "sind immer einsatzbereit, wenn es um die Vertilgung von Delikatessen geht.." Er betrachtete ihn mit großen, erwartungsvollen Augen.

Dann schmierte Jesper vier Brötchen mit Schokoladenaufstrich - zwei für sich selbst und zwei für Sigurd. Dazu machte er sich eine Tasse warmen Kakao in einem der Töpfe.

"Bist du viel allein?"

"Hmmm..." nickte Jesper. "Darum habe ich meinen eigenen Schlüssel."

Er zog ihn aus der Tasche und zeigte ihn.

"Darum brauchst du mich," plapperte Sigurd. "Du kannst schon glücklich sein, daß du mich getroffen hast."

"Ja..." gab Jesper zu, während er kaute. Das stimmte.

"Mit meinem Charme und meinem Gehirn können wir weit kommen, wir zwei..." sagte Sigurd.

"Dann kannst du Electro entgegentreten..." sagte Jesper.

Sigurd erschrak und schaute ihn mit zusammengekniffenen Augen an.

"Mit meinem Charme und meinem Gehirn und deinem Mut, können wir weit kommen." seufzte er.

"Schon besser..." lachte Jesper. "Schlauer Sigurd.."

Sie machten kein Licht an. Wenn Schatten das Haus beobachtete, sollte er nicht unbedingt sehen, daß sie zu Hause waren. Jesper freute sich auf das Wiederkommen seiner Eltern. Es konnte nicht mehr lange dauern.

Sie behielten den Garten durch das Fenster im Auge, aber er kam nicht.

Vielleicht hatte Sigurd sich verguckt, obwohl er es bestritt und zornig zum Ausdruck brachte, daß, wenn er etwas sähe - dann sähe er es.

Dann endlich kamen Jespers Eltern, und sie atmeten erleichtert auf.

"Soll ich mich verstecken?" fragte Sigurd.

"Das mußt du wohl besser..." stimmte Jesper zu. "Sie verstehen es noch nicht, selbst wenn ich es ihnen erkläre..." Er dachte kurz nach. "Verstehst du, Sigurd - Erwachsene sind etwas schwer von Begriff bei solchen Angelegenheiten."

"Ist in Ordnung.." murmelte er und flog die Treppe hinauf und in Jespers Zimmer. "Ich rufe, wenn ich wieder hungrig bin.."

Sie sahen müde aus - seine Eltern.

Sie waren immer müde, wenn sie von der Arbeit nach Hause kamen. Aber man konnte glücklich sein, wenn man Arbeit hatte, sagten sie.

"In diesen Zeiten.." sagte sein Vater oft und sah erwachsen über die Brille auf seine sommersprossige Nase. "In diesen Zeiten hängt die Arbeit nicht an den Bäumen."

Jesper dachte, daß Bäume dazu da wären, daß Kinder auf ihnen klettern konnten, und daß Arbeit auf keinen Fall etwas für ihn wäre - wenn man so müde davon wurde.

Sie luden die eingekauften Sachen auf dem Küchentisch ab, und seine Mutter machte sich daran, das Essen zu kochen.

Sein Vater half etwas mit, aber meistens nur zum Schein, und Jesper deckte den Tisch. Ohne nachzudenken, deckte er auch für Sigurd mit, aber das merkten sie nicht.

Als sie am Essen waren, passierte es.

"Ich hab Hunger.." rief eine rauhe, schneidende Stimme oben aus Jespers Zimmer.

"Wer ist das..?" fragte sein Vater. "Hast du Gäste oben auf dem Zimmer?"

"Hmm, naja..." Jesper schwitzte bei dem Gedanken an Sigurd und all das, was er jetzt gezwungen sein würde, zu erklären. "Wenn ihr versprecht, nicht sauer zu werden, dann hol ich ihn..."

Das versprachen sie, und so ging Jesper nach oben, um Sigurd zu holen.

"Du sprichst kein Wort. Hier können Vögel nicht sprechen - hast du das verstanden?"

Sigurd nickte. "Selbstverständlich, Kamerad. Ich tu was auch immer, um etwas zu essen zu bekommen." Dann setzte er sich auf Jespers Schulter.

"Versprich mir, daß du still bist - egal was...?"

Das versprach Sigurd, hoch und heilig, und dann gingen sie hinunter in die Stube.

Jespers Eltern verstummten bei dem Anblick des Raben auf seiner Schulter.

"Kann er sprechen..?" fragte sein Vater.

"Nein, nein, überhaupt nicht.." beteuerte Jesper und sah Sigurd streng an.

Sigurd schüttelte den Kopf.

"Wie heißt er - hat er einen Namen?" fragte seine Mutter.

"Ich nenne ihn Sigurd.." sagte Jesper.

"Schwarzer Sigurd.." berichtigte Sigurd.

"Er kann doch sprechen.." riefen seine Eltern aus.

Jetzt geht es los.. dachte Jesper. Wenn sie herauskriegen, was ich immer so mache, wenn ich schlafe, dann erlauben sie mir nie wieder, einzuschlafen.

"Gib ihm etwas zu essen," sagte sein Vater. "Er kann da sitzen."

Bevor er ausgesprochen hatte, hüpfte Sigurd auf den Tisch hinunter und begann, aus einer Schüssel in sich hineinzuhacken.

"Man könnte fast glauben, daß er versteht, was man sagt.." murmelte Jespers Vater.

"Ja...fast..." flüsterte Jesper und wünschte Sigurd weit weg.

"Wir wollen heute Abend ins Kino.." sagte seine Mutter. "Wir haben die Sieben-Uhr-Vorstellung genommen, dann sind wir viertel nach neun wieder zu Hause."

"Dann muß ich einen Babysitter haben.." sagte Jesper.

"Du hast doch den Schwarzen Sigurd.." sagte sein Vater. "Wir kommen auch schnell nach Hause."

"Da ist nur eine Sache.." sagte Jesper. "Etwas mit Computern..."

"Jah?" sein Vater, lebte auf und sah ihn interessiert über die Brille an.

"Wie schlägt man ein böses Programm kaputt...?" fragte Jesper.

"Man schlägt kein Programm kaputt.." lachte sein Vater. "Man löscht es, und kein Programm ist böse. Sie können überhaupt keine Gefühle haben. Darum können sie auch nicht böse sein. Das weißt du doch, du hast doch selbst schon massenweise Programme mit dem Computer gemacht..."

"Das ist etwas anderes..." sagte Jesper vorsichtig.

"Computer und ihre Programme machen nur, worum man sie bittet. Aber du bist ein Kind, darum begreifst du es bloß auf eine andere Art. Ich kann es dir zeigen, wenn wir gegessen haben."

"Wir wollen ins Kino..." zischte Jespers Mutter. Sein Vater sah ärgerlich auf seinen Teller hinunter.

"Wie kriegt man so eine Anlage dazu, daß sie total zu Klump geht..?" fragte Jesper. "Wenn man selbst keinen Computer hat..?"

"Das schlimmste, was man tun kann ist wirklich, einen Magneten an die Anlage zu setzen.." sagte sein Vater.

"So ein Magnet aus einem Spielzeuggeschäft reicht, welche Anlage auch immer, ins Choma fallen zu lassen."

"Wahnsinn," dachte Jesper. "So einen hab ich..."

"Möchtest du noch etwas essen, oder bist du satt?" fragte Jespers Mutter.

"Ich bin satt, danke," murmelte Jesper und dachte an den Magneten.

"Ich bin auch proppenvoll - vielen tausend Dank..." krächzte Sigurd und flog zum Sofa.

Jespers Eltern starrten ihn und Sigurd mit steifem Blick an, als sie die Stube verließen und die Treppe hochgingen. Sie redeten mit gedämpften Stimmen miteinander, während sie sich anzogen. Schließlich riefen sie, daß sie sich nach Hause beeilen würden, und er lange aufbleiben dürfte, wenn er gleich den Abwasch erledigen würde.

"Peng..." machte die Haustür, sie waren gegangen.

"Wir sind alleine.." flüsterte Jesper. Sigurd schaute widerwillig die Treppe hinunter.

"Ich muß wohl besser abwaschen," sagte Jesper.

"Erst diesen Magnet, Kleiner," zischte Sigurd.

"Ach, ja." Er eilte hinein und wühlte im Schrank herum, bis er ihn gefunden hatte. Es saßen eine Menge kleine Schrauben und Häkchen an ihm fest, die nahm er zuerst ab. Dann hob er ihn hervor, sodaß der Schwarze Sigurd ihn sehen konnte. Er war ziemlich groß, wie ein Huf geformt und rot angemalt.

"Hübsch.." schnarrte Sigurd. "Wofür braucht man so etwas?"

Jesper hielt ihn über den Tisch, der immer voll von allen möglichen, sehr wichtigen, kleinen Häkchen war, von denen er vergessen hatte, wozu er sie gebrauchen wollte.

"Zwiinng.." klirrte es. Ein großer Nagel schoß aus einem Haufen und saß fest am Magnet.

"Schick..." Sigurd war imponiert. "Wozu wollen wir ihn dann benutzen?"

"Damit werden wir Electro schlagen.." flüsterte Jesper feierlich und rieb sich an der Nase.

"Nah," Sigurd verstand kein Wort.

"Jetzt der Abwasch," sagte Jesper.

Er ging die Treppe hinunter und in die Küche und ließ Wasser ins Abwaschbecken laufen. Sigurd saß auf dem Tisch und starrte mit weit aufgerissenen Augen in die Stube.

"Hast du ein Gespenst gesehen?" fragte Jesper und folgte der Richtung seines Blickes.

Hinten in der Ecke, hinter dem Sofa, stand Schatten. Er war durch die Wand hereingekommen. Das Armband glimmte rot an seinem Arm.

Ohne einen Laut ging er um das Sofa herum, quer über den Boden, auf sie zu. Während er ging, zog er das Messer hervor.

Sigurd überlegte, daß es dampfte. Wenn er das mit dem Magneten nicht verstand, dann tat es Schatten garantiert auch nicht.

"Lösch ihn.." krächzte Sigurd. "Lösch ihn jetzt.."

Schatten blieb mitten in einem Schritt stehen und senkte das Messer. Dann leuchteten seine weißen Zähne unter dem Hut.

"Ha, ha.." grinste er. "Ihr könnt mich, verdammt nochmal, nicht löschen.."

"Doch, doch..." rief Sigurd ohne Überzeugung. Dann breitete er die Flügel aus und rief: "Werde zu Nichts..."

Es passierte nichts, und Sigurd fluchte.

Schatten reckte die Hand über den Küchentisch.

"Das Goldherz..." sagte er nur.

"Ich hab es nicht," sagte Jesper und ihm wurde ganz trocken im Hals. Dann kribbelte es im Nacken - eine Angst, so groß, wie er sie nie vorher gekannt hatte. Er sah auf das Messer und dachte daran, wie es wohl sei, wenn man tot ist.

"Gib es mir bloß!" rief Schatten und rammte das Messer in die Tischplatte, sodaß Splitter zu allen Seiten flogen.

"Lösch ihn..." zischte Sigurd. "Der Magnet, Kleiner..."

Schatten zog das Messer an sich und sah sie mißtrauisch an.

"Warum hast du das Armband um?" schrie Sigurd, um Zeit zu schinden.

Schatten riß den Ärmel bis über die Hand. "Das geht dich nichts an..." knurrte er.

Das Messer glitzerte im Licht der Dunstabzugshaube.

"Ich habe es oben.." sagte Jesper.

Schattens Hand fuhr blitzschnell über den Tisch, griff Sigurd um den Hals und zerrte ihn an sich.

"Rourrkkk..." röchelte Sigurd. Er versuchte sich zu befreien, aber Schatten verstärkte seinen Griff, und Sigurd wurde mit einem Japsen steif.

"Ich hol es.." rief Jesper und rannte die Treppe hoch und in sein Zimmer. Er fand das Goldherz mit dem Glücksvogel in der Schublade und eilte wieder hinunter.

"Fettgeschwulst.." röchelte Sigurd unten in der Küche.

Der Vogel begann zu singen. So schön wie immer, so schön, daß es im Moment unwirklich wirkte - Schatten mit den durchdringenden Augen in der Dunkelheit der Kapuze und das Messer, das im künstlichen Licht glänzte.

"Rourrkkk..." röchelte Sigurd. Jesper wachte aus der Trance auf und eilte weiter. Der Gesang des Vogels hielt genauso plötzlich auf, wie er begonnen hatte.

"Hier ist es..." sagte Jesper und hielt es an der dünnen Kette hoch.

Innen hinter den Stäben sah der Vogel auf Schatten.

"Aha..." sagte Schatten und ließ Sigurd fallen, der mit einem Rums hinter dem Herd verschwand.

Aber gerade als er nach dem Schmuck griff, ertönte ein scharrendes Geräusch vom Schornstein her, und sie rochen Ruß, der in die Stube hineinwirbelte.

Irgendetwas war in den Kamin hinuntergefallen und wackelte hustend in die Stube. Irgendetwas, das ganz geschwärzt von Ruß war und bei jedem Schritt kleine, schwarze Spuren hinterließ. Mitten aus dem Schwarzen starrten sie zwei große Augen an.

"Ptoj..." hustete der Fremde und Staub wirbelte nach allen Seiten.

"Was in aller Welt..." stöhnte Schatten.

Jesper warf sich über den Tisch, riß das Goldherz an sich und stopfte es in die Tasche.

"Du kleiner..." rief Schatten, schlug nach ihm und traf die Dunstabzugshaube, die mit einem klagenden Laut auf den Küchentisch krachte.

Die Teller rutschten über den Tisch, über die Kante und zerschmetterten auf dem Boden.

"Was für eine Bescherung," röchelte Sigurd hinter dem Herd.

Schatten sprang über den Tisch, stieß die Abzugshaube weg und drückte Jesper gegen den Besenschrank, sodaß er nur schlecht Luft bekam. Das Messer blitzte in seiner Hand, scharf und kalt in dem schwachen Licht.

"Gib es mir..." flüsterte Schatten.

Jesper wühlte nervös in der Tasche. "Hier.." stöhnte er und reichte ihm das Herz hoch.

"Stop!" schrie eine schrille Stimme. Der kleine, rußige Lump sah sie mit seinen großen Augen an. Während er sie ständig mit seinem intensiven Blick beobachtete, flatterte er auf den Küchentisch, in einer Wolke aus Ruß und Dreck.

"Pfftoj..." hustete er wieder. Dann richtete er sich auf und breitete das, was die Flügel sein mußten, in der Luft aus. "Das war bestimmt im letzten Augenblick.." sagte er und rückte die Brille auf dem Schnabel zurecht. Es war Archimedes - Merlins kluge Eule.

"Was machst du hier..?" zischte Schatten und verstärkte den Griff um Jespers Hals.

"Ich habe dich gesucht.." hustete Archimedes. "Da ich dich in Abenteuerland nicht fand, mußtest du hier sein..."

Schatten antwortete nicht.

"Ich habe die Kraft - Merlins Kraft.." sagte Archimedes. "Nah, ja - vielleicht nicht die Ganze, aber etwas davon. Genug, um mit dir fertig zu werden."

Schatten schielte unter seinem Hut. Der Glücksvogel sah ihn aus seinem Gefängnis im Goldkäfig an.

"Seht zu, daß ihr ihn beerdigt kriegt!" schrie Sigurd hinter dem Herd. "Ich hab es reichlich satt, hier eingeklemmt zu sitzen.."

"Würde, Sigurd.." sagte Archimedes. "Würde..."

"Du bist einer der übelsten Sorte.." sagte Archimedes zornig, während er Schatten mit den Augen abschätzte. "Denn du verrätst deine eigenen..."

Schatten ließ den Griff um Jesper locker und drehte sich zur Eule.

"Was geht dich das an, du kurzsichtiger, kleiner Vogel..?"

"He, he, he, du langer Taugenichts.." krächzte Sigurd hinter dem Herd.

"Erzähl mir, warum...?" bat Archimedes.

"Das ist jetzt zu spät.." sagte Schatten. Er hob das Messer und sah hart auf Jesper.

"Traurig für dich..?" sagte Schatten kalt, "daß du zu uns in die Abenteuerwelt gekommen bist. Du hättest zu Hause bleiben sollen..."

Das Messer blitzte in dem schwachen Licht der zerschmetterten Abzugshaube. Überall lag zerschlagenes Porzellan und dazwischen glitzerten Messer und Gabeln.

"Laßt mich sehen..." murmelte Archimedes.

"Schnell!!!" schrie Sigurd, der ganz genau wußte, was jetzt geschehen würde.

Das Messer zischte durch die Luft. Jesper hielt schützend die Hände vor die Augen.

"Bippeti...bippeti... boppeti... bum..." rief Archimedes so laut er konnte.

Das Messer stoppte seinen Flug. Die Zeit stand still, weil Archimedes die verzaubernden Worte gesagt hatte. Der Zauber wartete, ausgelöst zu werden.

"Öh, ähmm..." murmelte Archimedes. "So war es bestimmt." Er betrachtete Schattens erstarrte Figur und Jesper, der ihn entsetzt durch seine gespreizten Finger ansah.

"Ruß wie aus Felisium..."

Das ganze Haus knackte. Der Zauber wirkte...

"Werd zu einer Katze.." rief Archimedes.

Schatten verwandelte sich im Nu. Sein Zeug sank auf dem Fußboden zusammen, das Messer fiel klirrend auf die Fliesen.

"Idiot, Archimedes!!!" schrie Sigurd hinter dem Herd. "Katzen fressen Vögel.."

"Ach, ja..." stöhnte Archimedes und dachte nach. Aus Schattens Mantelhaufen kam sie. Eine große, schleichende, schwarze Katze mit bösen, gelben Augen. Sie ähnelte Schatten.

Jesper sah auf sie hinunter und griff sich an den Hals.

Die Katze wandte den Blick zum Küchentisch und entdeckte Archimedes rußgeschwärzte Vogelfratze. Dann setzte sie zu einem langen Sprung dort hinauf an, schlug die Krallen in die Tischplatte und zog sich hoch.

"Oh, äh..." murmelte Archimedes. "Wie bin ich dazu gekommen...?"

"Mach ihn zu Vogelfutter!!!" schrie Sigurd hinter dem Herd. "Ich liebe Vogelfutter.."

Die Katze schlich auf ihn zu. Ihr Schwanz fegte mit einem heftigen Zucken von einer Seite zur anderen. Sie starrte ihn hypnotisiert an und leckte sich das Maul.

"Werde eine Kröte.." schrie Archimedes eilig.

"Wumm.." der Zauber wirkte wieder. Eine große, fette Kröte saß mitten auf der Tischplatte und betrachtete ihn. Ihre blanken Augen saßen außen am Kopf wie Glaskugeln. Sie glänzte fettig am ganzen Körper. Dann hüpfte sie etwas herum - platsch, platsch...

Jesper beugte sich über den Mantel und zog ihn zur Seite.

"Archimedes - sieh doch mal..."

Als der Mantel weggeschoben war, tauchte etwas merkwürdiges auf. Auf dem Boden unter ihm lag ein Armband aus einer Art Metall. Es leuchtete schwach in einem rötlichen Farbton. Auf es waren verschiedene Zeichen eingraviert, die er nicht kannte.

"Was in aller Welt ist das..?"

"Rühr es nicht an.." sagte Archimedes warnend. Er flatterte hinunter und nahm es näher in Augenschein.

"Ein Armband.." flüsterte er dann. "Ein Armband, das eine besondere Kraft enthält. Fern von dem, was ich verstehe, fern von meiner Magie - und Merlins.." fügte er dann hinzu.

"Hol mich hier raus!" rief Sigurd.

"Er ist hinter dem Herd.." sagte Jesper. Er zog ihn etwas von der Wand ab, streckte den ganzen Arm hinunter und bekam Sigurd zu fassen.

Er sah sich um, bis er die Kröte entdeckte.

"Ist das Schatten..?" dann lehnte er sich zurück und fing schallend an zu lachen.

"Ha, ha, ha..."

Dann entdeckte er das Armband.

"Ein merkwürdiger Schmuck.." flüsterte Sigurd entzückt. "Der merkwürdigste Schmuck, den ich je gesehen habe. Den MUß ich besitzen..."

Die Uhr an der Wand über dem Fernseher schlug neun.

"Meine Eltern..." seufzte Jesper. "Sie kommen in zehn Minuten. Wenn es hier so aussieht, wenn sie nach Hause kommen, dann wage ich nicht mal daran zu denken, was sie..."

"Sieh mal, mein Kind.." sagte Archimedes andächtig und hob noch einmal seinen dreckigen Flügel über den Kopf.

"Bippeti...bippeti...boppeti...bum..."

Es summte wieder, aber nun waren sie inzwischen daran gewöhnt.

"All diese Zauberei.." gähnte Sigurd. "Das macht einen richtig hungrig."

"Geschrubbt und rein und heil und fjum..."

Jesper zog sich schleunigst zurück, denn jetzt geschah etwas.

Der Besen wanderte aus dem Besenschrank und begann energisch zu fegen. Der Staubsauber summte herum und saugte, wie er es am besten gelernt hatte. Lappen putzten die Fenster, der Wasserhahn füllte Eimer mit Wasser, Waschmittel schäumte und blubberte. Die Teile der Teller und der Gläser liefen durcheinander herum, bis sie genau den Teller oder das Glas gefunden hatten, zu dem sie einmal gehört hatten. Und sie wurden wieder heil, ohne Leim und Pinsel.

Das Ganze dauerte höchstens eine Minute. Dann war alles gerichtet. Die Fenster strahlten sauber, der Tisch funkelte, der Boden war spiegelblank, das Waschbecken war gescheuert.

"Das war`s.." kicherte Archimedes. "Etwas habe ich doch gelernt, während meiner Zeit bei Merlin.."

Die Kröte saß auf dem Küchentisch und glotzte sie an.

Jesper hatte Schattens Zeug und das Armband in seinem Zimmer versteckt.

Er nahm den Magneten und ging hinauf. Als er ihn an das Armband hielt, erlosch das rote Glühen - ganz langsam.

Schließlich lag das Armband auf dem Tisch, wie ein kalter, blanker Ring aus Metall mit der Inschrift:

'Der Träger dieses Armbandes gehört Electro - Mächtiger als Merlin.`

"Darum hatte er es also.." seufzte Archimedes. "Ja, ja, alles hat seine abenteuerliche Erklärung."

Ein Auto fuhr in den Carport, und ein Motor ging aus.

"Meine Eltern..."

"Ich muß weg.." sagte Archimedes.

"Wie kommst du nach Abenteuerland?" fragte Jesper.

"Denselben Weg, den ich gekommen bin.." sagte Archimedes und hustete. "Oh, dieser eklige Rauch. Durch den Schornstein selbstverständlich, wie hattest du dir das denn gedacht?"

"Nein, nein, das ist ja klar wie Tinte.." sagte Jesper. "Klar wie Tinte.."

Archimedes hob ab mit einem Niesen, flog die Treppe hinunter, quer durch die Stube und hinauf in den Schornstein, gerade als Jespers Eltern zur Haustür hereinkamen.

"Nein, wie ist es hier schön..." rief seine Mutter aus und schlug die Hände zusammen.

"Gute Güte..." sagte sein Vater nur. Er war kein Mann der vielen Worte.

Jesper kam mit Sigurd auf der Schulter die Treppe hinunter.

"Was ist das für ein Lärm im Schornstein?" fragte die Mutter.

"Das ist der Wind," sagte sein Vater. " Ich werd jetzt die Ofenklappe schließen.."

"Nein!" rief Jesper und sprang dorthin. Er sah vor sich den Anblick von Archimedes, im Schornstein eingesperrt und von oben bis unten mit Ruß beschmiert.

Der Lärm im Schornstein hielt plötzlich auf. Er war weg. "Nun kannst du sie ruhig zumachen," sagte Jesper leise. "Nun ist er weg.."

Sein Vater seufzte und ging hinüber zum Küchentisch. Hier blieb er stehen und unterdrückte einen Aufschrei. Mitten auf der Tischplatte saß eine riesengroße, schmierige, fette Kröte und glotzte ihn an.

"Ist das auch eine von deinen Freunden?"

"Nimm sie vom Tisch herunter," sagte Jespers Mutter scharf. "Ich laß mir nicht gefallen, daß eine fette Kröte auf meinem Küchentisch herumkrabbelt..."

Sie sah Jesper streng an, als ob er es gewesen wäre, der sie aus dem Garten mit hereingeschleppt hatte.

"Können wir sie nicht raussetzen..?" fragte sie.

"Es sind fünf Grad minus..." antwortete sein Vater. "Sie erfriert in Nullkommafünf."

"Der Hund.." flüsterte Sigurd in Jespers Ohr. "Der Hund kann uns zurück nach Abenteuerland bringen.."

Seine Eltern stellten sich vor Sigurd und ihn und sahen sie ernst an.

"Jesper, was geht in diesem Haus vor...?" fing seine Mutter an.

"Das ist so gesehen eine lange Geschichte..." antwortete Jesper vorsichtig.

"Mir ist am Nachmittag eine Tasse heruntergefallen..." sagte seine Mutter ernst.

"Nun sehe ich, daß sie oben im Schrank steht, heil und in Ordnung. Das einzige was dabei ist, ist nur, daß der Henkel abgebrochen war, als ich mit deinem Vater ins Kino ging. Das ist er jetzt nicht mehr..." Ihre Stimmlage war gerade unterhalb des schrillen Punkts, wo sie, wie er wußte, nicht länger etwas unterdrücken konnte.

"Nee, das ist sie wohl nicht mehr.." sagte Jesper und dachte daran, wie er ihnen erklären sollte, daß Archimedes zu Besuch gewesen war und das ganze Haus verhext hatte.

"Nahh.." gähnte Sigurd. "Nun müssen wir beide wohl besser in die Koje, Kleiner. Wir müssen morgen früh raus..."

"Und dann der Vogel da..." seufzte seine Mutter. "Das ist doch nicht normal, daß ein Vogel auf diese Weise sprechen kann..."

Sigurd sah sie mürrisch an.

"Nee.." seufzte Jesper. "Das ist es wohl nicht..."

"Sei so nett, und nimm die Kröte mit hoch in dein Zimmer," sagte Jespers Vater und sah sehr, sehr müde aus.

Jesper nahm Schatten auf den Arm und trug ihn die Treppe hoch. Als sie ins Zimmer kamen, setzte er die Kröte in eine leere Pappschachtel, die er aufs Fensterbrett stellte. Dann zog er sich aus, wechselte in Prinzessin Isabels Uniform und kroch ins Bett. Der Säbel war wie immer im Weg.

In der einen Hand drückte er den roten Magnet, Sigurd saß auf seiner Brust und wartete.

"Gute Nacht, schlaf gut..." riefen seine Eltern unten aus der Stube.

"Gute Nacht.." flüsterte Jesper vor sich hin. "Jetzt wird es ernst, Sigurd..."

"Verlaß dich auf mich, Kleiner.." krächzte Sigurd. "Ich bin immer bei dir. Kein Grund zur Panik..." er unterdrückte ein Gähnen. "Sieh jetzt zu, daß du einschläfst, Kleiner - damit wir wegkommen können..."

Jesper legte die Arme um Sigurd und schloß die Augen. Einen Augenblick später fiel er in den Schlaf.

"Phantastisch.." zischte der Schwarze Sigurd.

Zum Kampf gegen DOS

Jesper erwachte im Graben. Ein langer Grashalm kitzelte ihn an der Nase.

Er hatte den Magneten verloren, er war auf den Boden des Grabens gefallen. Er krabbelte hinunter, während Sigurd im Gras saß und mit den Augen blinzelte.

"Schhh..." flüsterte Sigurd oben vom Rand des Grabens.

Jesper kroch zu ihm hoch, ohne auch nur den geringsten Lärm zu machen. Dann lagen sie beide am Grabenrand und sahen sich um.

"Irgendwas ist faul hier, Kleiner..." flüsterte Sigurd.

"Es sieht doch ganz normal aus..." antwortete Jesper. Alles sah aus wie immer.

"Wir hätten die Kröte mitnehmen sollen..." Sigurd lachte unbeherrscht, obwohl er versuchte, es nicht zu tun.

"Es ist kein Pferd für uns da?" flüsterte Jesper.

"Sieht nicht danach aus..." gab Sigurd zu. "Du mußt laufen, Kleiner..."

"Dann laß uns weg hier..."

Jesper erhob sich, steckte den Magneten in die Tasche, und begann die Wanderung durch Niemandsland - auf das große Tor zu.

Inzwischen - weit weg - in der wirklichen Welt, saß Jespers Vater an seinem Computer und arbeitete. Seine Mutter saß auf dem Sofa und las.

Plötzlich stutzte er und rückte etwas vom Bildschirm ab. Der Text, den er eingegeben hatte, verschwand, und ein Bild nahm Form an. Es war das Bild eines Wesens, das wie ein Computer gebaut war. Es starrte ihn schweigend an. Seine langen Arme mit den Stahlklauen hingen schwer an den Seiten herunter.

Dann erschien ein neuer Text auf dem Bildschirm. Und all das geschah, ohne daß Jespers Vater die Tastatur berührte.

"DIES… IST… ELECTRO..."

"Warst du an dem Buchführungsprogramm?"

"Du weißt doch, daß ich mich für dieses Ding nicht interessiere..." antwortete Jespers Mutter vom Sofa. "Ich würde nicht mal ahnen, auf welchen Knopf ich drücken sollte."

"Dann muß es Jesper gewesen sein," sagte der Vater irritiert. "Ich habe ihm gesagt, daß er meine Disketten zufrieden lassen soll. Ich habe ihm sogar welche für sein Spiel gegeben, damit er meine nicht nimmt..."

Die Mutter las weiter in ihrem Buch und vergaß den Computer ganz.

"Merkwürdig.." sagte der Vater und schaute verständnislos auf den Bildschirm.

"MÄCHTIGER... ALS... MERLIN..." schrieb der.

"Merlin - das ist doch dieser Zauberer aus den Abenteuern, nicht wahr ?"

"Jah, jah.." nickte Jespers Mutter geistesabwesend.

"Könntest du nicht aufhören, mich die ganze Zeit zu stören?"

"MÄCHTIGER ALS DER JUNGE AUS DER WIRKLICHEN WELT - UND SEIN VERRÜCKTER VOGEL, DER SCHWARZE SIGURD..."

"Ach, du meine Güte.." flüsterte Jespers Vater.

Nun wurde er ernstlich unruhig. All seine Verwunderung über den schwarzen Raben, der sprechen konnte, die fette Kröte auf dem Küchentisch, die Tasse, die wieder heil geworden war, und so weiter, und so weiter... Es ging ihm langsam auf, daß da irgendetwas nicht stimmte.

"ICH BIN ELECTRO - MÄCHTIGER ALS DIE WIRKLICHE WELT..."

Er schwitzte, und der Schweiß lief in Tropfen von seiner Stirn und tropfte von seiner Nasenspitze. 'Wo ist die Grenze zwischen Phantasie und Wirklichkeit'? dachte er.

Dann, nach einer plötzlichen Eingebung, lehnte er sich vor und schaltete die Anlage aus.

"Ich geh ins Bett," sagte er verwirrt und erhob sich.

Die Mutter sah auf. "Dann mach die Anlage aus, sie steht da und läuft.."

Der Vater drehte sich schnell auf den Hacken herum und schaute nach..."

Das Bild eines merkwürdigen Gebäudes nahm auf dem Bildschirm Formen an..

"Ich HAB sie ausgeschaltet..." rief er fast.

"DIES IST DOS.." stand unter dem Bild.

"Das ist eine riesige Computerstation.." flüsterte der Vater.

"Sag mal, ist dir schlecht?" fragte die Mutter.

Der Vater nickte. "Oder mir wird es in einem Augenblick," murmelte er.

Ein neues Bild nahm Formen an.

Ein seltsames und doch so bekanntes Reich. Eine Person wanderte auf einem Kiesweg im klaren Sonnenschein. Auf ihrer Schulter saß ein großer, schwarzer Rabe. Er war in eine Musketieruniform gekleidet, und ein Säbel steckte unter den Schößen seiner Jacke hervor. Weit weg ragte ein kreideweißes Schloß auf einem Berg empor. Das Licht leuchtete auf einer Zuckerbrücke und warf die Sonnenstrahlen in den blauen Himmel zurück.

"Wie hübsch er ist.." sagte die Mutter.

"Das ist Jesper..." flüsterte sein Vater. "Das ist unser Jesper..."

Der Mund der Mutter stand offen. Sie starrte und starrte, aber es war ganz deutlich - es war Jesper.

"DIES IST ABENTEUERLAND..." schrieb Electro.

"DIES IST DER JUNGE AUS DER WIRKLICHEN WELT. LÖSCHT IHN."

Der Text stand flimmernd vor den Augen der Eltern.

"Was macht er da..?" flüsterte die Mutter und faßte den Vater am Arm.

"Auf vieles habe ich eine Antwort..." antwortete sein Vater. "Aber, warum er da gelandet ist, habe ich keine Ahnung..."

"Du bist doch Computerexperte.." flüsterte sie. "Du mußt doch etwas tun können.."

"Das da..." er zeigte auf den Schirm. "Das übersteigt meine Phantasie..."

"Was war das, was er gefragt hat?" sie schloß die Augen, und versuchte, sich zu erinnern. "Als wir beim Essen saßen..?"

Auch der Vater dachte nach. "Etwas mit, wie man ein böses Programm töten kann, oder sowas ähnliches.."

Electro kam wieder auf den Schirm.

"Nun weiß ich, wie ein böses Programm aussieht.." sagte sein Vater mit zitternder Stimme.

Die Mutter lief aus der Stube, die Treppe hinauf und in sein Zimmer.

Dort entfuhr ihr ein lauter Seufzer, dann lief sie wieder hinunter in die Stube.

"Sein Bett ist leer - er ist weg..."

"Ich setze mich hierhin, und gucke, was da passiert. Vielleicht habe ich dann eine Chance, es zu verstehen - wer weiß..?"

"Ich geh nach oben ins Bett," murmelte die Mutter eilig. "Ich kann nicht nur hier sitzen, mit den Händen im Schoß, und auf den Bildschirm gucken."

Sie sah wieder den Vater an, mit einem bittenden Blick.

"Gibt es wirklich nichts, was du tun kannst - er kann doch nicht einfach verschwinden, oder kann er..?"

"Ich habe wirklich keine Ahnung," antwortete der Vater und sah auf den Boden. "Gott bewahre mich, was ist das für ein Murks hier..?"

"Wie ein böser Traum," flüsterte die Mutter und trocknete sich eine Träne an der Wange. "Wie ein böser Traum. Vergiß nicht, die Anlage auszuschalten, wenn du nach oben gehst." Mit diesen Worten drehte sie sich auf den Hacken um und verschwand schnell zur Treppe.

"Sie IST aus!" antwortete der Vater und schaute auf den Schirm.

Jesper und Sigurd trotteten durch Niemandsland, bis sie die Spiegelfläche erreichten, die den Schwanensee bedeckte.

"Dürfen wir hier rübergehen..?" flüsterte Jesper.

"Der Magnet, Kleiner, versuch es mit dem Magneten." Sigurd nickte eifrig und klapperte mit dem Schnabel.

"Da wird wohl nichts passieren," flüsterte Jesper. "Aber wir können es ja versuchen. Es ist nur ein kleiner Magnet, Sigurd."

Er grub den Magneten aus der Tasche und legte ihn auf die Spiegelfläche. Im selben Augenblick, als er das tat, passierte eine ganze Menge.

Es knisterte unter ihren Füßen und der Schwarze Sigurd flog erschreckt auf und setzte sich auf Jespers Schulter.
"ZZzzummm..." zischte es in der Luft, und der Spiegel verschwand mit einem Flimmern und Heulen.

Plötzlich standen sie am Ufer eines Sees. Eines Sees mit dem reinsten, klarsten Wasser. Schilf und Binsen schoßen durch die Wasseroberfläche, und Seerosen breiteten sich wie ein lebender, wogender Teppich aus Blumen aus. Hier - zwischen den Seerosen - schwammen zwei weiße Schwäne. Sie segelten majestätisch über die Wasseroberfläche, Seite an Seite, auf den Jungen mit dem Raben auf der Schulter zu. Hier warteten sie ein paar Meter vom Ufer entfernt und schauten ihn neugierig an.

"Wie hast du das gemacht?" fragte der eine mit seiner rauhen Stimme.

"Mit dem hier..." lächelte Jesper und hielt den Magneten vor ihn hin.

"Du mußt der Schwarze Sigurd sein.." zischte der andere.

"Jo..." krächzte Sigurd. "Genau das bin ich. Und er hier, dieser kleine sommersprossige Stackel hier, das ist Jesper."

"Guten Tag, Jesper," nickten die Schwäne.

"Tag zusammen..." antwortete Jesper. "Wie komme ich über den See?"

"Wir fliegen dich rüber," sagten die Schwäne. "Wo willst du hin..?"

"Nach Abenteuerland," sagte er.

"Das kriegen wir hin.." sagten sie im Chor. Sie plauderten etwas miteinander, worauf der eine ans Ufer schwamm.

"Setz dich auf meinen Rücken," zischte er dann. "Du brauchst nicht bange sein..."

Als er sich zurechtgesetzt hatte, breitete er die Flügel aus, schlug ein paar gewaltige Schläge mit ihnen und brauste voran über das Wasser. Jesper klammerte sich fest und schaute hinunter. Sigurd flog an seiner Seite.

"Was sagst du dazu, Kleiner..?" schrie er.

"Wahnsinn.." rief Jesper und dachte, daß er sich darüber freuen würde, wenn es überstanden wäre.

Der See sauste unter ihnen vorbei, die Seerosen, die Schilfwälder...

Der Schwan stieg über der Mauer und flog weiter ins Abenteuerland. Sie sahen keine Soldaten am Tor.

"Wo sind sie alle hin?" rief Jesper.

"Sie sind weg.." zischte der Schwan. "Nur die Grimmigen sind zurückgeblieben - die Trolle, die Orks und die Hexen..."

"Setz mich ruhig hier ab!" rief Jesper.

Die Schwäne sanken ab und landeten dicht am Waldrand. Weit weg auf dem Berg lag das Abenteuerschloß und glänzte in der Sonne.

Der Schwan setzte ihn im Schatten der Bäume ab. "Was ist hier passiert..?" fragte Jesper.

"Wir hatten ein seltsames Erlebnis.." sagte ein Schwan. "Eines Tages kam einer, der sich Electro nannte hinunter zum See. Er sagte, daß wir zu Nichts werden sollten - und das wurden wir. Aber es gab uns auch jetzt noch, an dem einen oder anderen Ort..."

"Merkwürdig..." zischte der andere Schwan.

"Du siehst aus wie ein Edelmann.." sagten sie im Chor.

"Das bin ich nicht.." antwortete Jesper. "Ich bin nur ein Junge. Aber wir müssen zu Prinzessin Isabel aufs Schloß.."

"Die gibt es dort nicht mehr.." sagte ein Schwan. "Sie ist in Symphonien. Electro hat den König und die Königin von Abenteuerland gelöscht - und Merlin, den mächtigsten von allen..."

"Und Sir Gawain..." sagte Sigurd.

"Ja, und Sir Gawain..." seufzte der Schwan.

"Wir müssen wieder weg..." sagte der andere Schwan. "Zurück zu unserem See - keiner weiß, wie lange er noch da ist..."

Sie setzten ab und hoben sich mit ihren großen, weißen Flügeln in den Himmel.

"Nehmt euch in Acht!!!" schrien sie. " Vor den Orks im Wald…"

Dann flogen sie auf ihren singenden Schwingen davon, über die Ebene und die Mauer, hinaus zum See im Niemandsland.

Jesper bekam Gänsehaut. "Die Orks, der Wald ist voller Orks..."

"Du hast mich, Kleiner..." krächzte Sigurd. "Und du hast diesen WUNderbaren Magneten. Es wird schon schiefgehen..."

"Ja, eben," sagte Jesper. "Komm wir müssen lieber weiter..."

"Wollen wir zum Schloß?" fragte Sigurd.

"Nein.." antwortete Jesper. "Wir müssen durch den Wald bis da, wo die Mauer zusammengestürzt ist. Wir müssen nach DOS, und das muß nachts sein. Nun wissen sie, daß wir hier sind, denn der Schwanensee ist wieder da..."

"Schhh.." flüsterte Sigurd. "Was ist das?"

Jesper blieb stehen und lauschte. Die Erde bebte unter ihren Füßen. Irgendwer war auf dem Weg auf sie zu, von der Ebene her. Einer, der sehr schwer war und darum auch sehr groß.

"Keiner, den ich kenne..." flüsterte Jesper.

Sigurd hob ab und flog ohne ein Wort davon.

Jesper lief hinter den äußersten Baum am Waldrand und stellte sich hin, um zu warten. Während er so im Versteck stand, senkte sich die Dunkelheit über Abenteuerland. Die Sonne war untergegangen. Jetzt kamen sie hervor, all die magischen Kräfte der Finsternis.

Isabel hatte ihm vom `Fürst der Dunkelheit` erzählt, der mit Electro gemeinsame Sache gemacht hatte und ihm die Kraft gegeben hatte, die er besaß. Was seither aus dem Fürsten der Dunkelheit geworden war, wußte keiner. Die Orks und die Trolle und die Hexen und all die anderen munkelnden Personen waren Wesen aus seinem mächtigen Reich.

Der König von Abenteuerland, dieser milde und gute König, hatte die Macht in der wunderlichen Welt der Abenteuer - weil er Merlin hatte.

Sigurd kam durch die Dämmerung zurück.

Jesper stand da und lehnte sich gegen den Stamm, der feucht vom Abend tau war. Er entdeckte Sigurd und trat hervor.

"Das... das .. Das ist Grunga..." stammelte Sigurd atemlos. Er landete auf einem Ast neben ihm und schüttelte mit dem Kopf.

"Keiner hat mehr Respekt vor etwas. Sir Gawain und Merlin und der König und alle, die etwas waren, sind weg..."

Jesper spähte über die Ebene. Das Feuer aus Grungas brüllendem Rachen schoß hervor aus der Dunkelheit, näher und näher.

"Früher durfte er sich nur auf der Ebene aufhalten. Nun ist es egal, denn es ist niemand da, der ihm etwas anhaben könnte..."

Die Blätter fielen von den Bäumen wie in einem Herbststurm. Die Bäume schwangen vor und zurück, und die Erde bebte.

"Welchen Weg sollen wir...?" flüsterte Jesper. "Wo liegt die Mauer?"

"Geh, welchen Weg du willst," antwortete Sigurd. "Zum einen oder anderen Zeitpunkt kommst du zur Mauer."

Das Gras und die Büsche auf der Ebene brannten an mehreren Stellen.

Grunga drängte voran auf den Wald zu, bei jedem Atemzug sein Feuer über die Welt speiend.

"Laß uns verschwinden!" rief Jesper und begann zwischen die Bäume zu rennen. Sigurd hastete hinter ihm her. Zusammen verschwanden sie in die Schatten zwischen den großen, knorrigen Bäumen, während die Nacht einsetzte, um sie vor Grunga zu verstecken.

Er lief und lief. Die Beine zitterten unter ihm, und er schwitzte, daß er seine Kleidung auswringen konnte. Die Äste zerrissen seine Jacke, und der Säbel knallte gegen die Stämme. Hinter ihnen fiel der erste Baum mit einem dumpfen Dröhnen, als Grunga sich mit seinem ganzen Gewicht dagegen lehnte. Auch Grunga war auf dem Weg zur Mauer, aber das wußten sie nicht.

Jesper lief, bis er Tränen in den Augen hatte. Blind vor Müdigkeit und Schweiß, der ihm unter dem Federhut die Stirn hinunterlief.

Dann, plötzlich, rannte er jäh gegen den Wanst eines großen Orks, der dastand und ihm den Weg versperrte. Er fiel hintenüber und saß auf seinem Hintern, mitten im Laub.

"Nee, was haben wir denn da..." brüllte der Ork und hob ihn am Kragen hoch.

Dann trug er ihn zu einer Feuerstelle auf einer Lichtung, wo die anderen Orks warteten. Sie waren hungrig und hatten nichts, was sie in den Topf tun konnten.

Der Federhut rutschte über Jespers Augen. Der Ork hielt ihn hoch, sodaß er mit den Beinen nicht an die Erde reichte. Dann drückte er ihn an den Schenkeln und am Bauch und grunzte mißbilligend.

"Nicht viel Fleisch an ihm dran, aber es wird schon reichen."

"Jah..." brüllten die anderen Orks. "In den Topf mit ihm, damit wir etwas zu Fressen bekommen..."

"Nee, seht - er hat ein Messer mit, damit wir ihn besser in Scheiben schneiden können," grinste der große Ork.

"JAH..." brüllten die anderen Orks. "Er hat ein Messer mit, damit wir ihn besser schneiden und ausnehmen und häuten können..."

Sie warfen Holzscheite ins Feuer und donnerten den Topf darüber.

Sigurd saß auf einem Ast über der Feuerstelle und spekulierte, was jetzt getan werden könnte. "Wenn ich nichts tue, dann verliere ich den Stein - den WUNderbaren Stein..." Dann atmete er tief ein und brüllte mit aller Kraft seiner Lungen:

"Grunga kommt - und Grunga ist hungrig wie nie zuvor..."

"Was ist das?" brummten die Orks und lauschten.

Weit weg im Wald stürzten die Bäume vor Grunga um. Das Dröhnen drang zu ihnen, jetzt wo alle lauschten.

"Wer kommt da in unseren Wald?" brüllte der große Ork zornig.

"In der Nacht ist Orkszeit - und jetzt ist es Nacht..."

"Das ist Grunga," sagte Jesper mit bebender Stimme.

"Das Beste an den Orks ist, daß sie so dumm sind," lachte Sigurd vor sich hin.

Durch das Feuer von der Feuerstelle warfen die Orks flackernde Schatten. Sie hatten kräftige Unterkiefer mit Eckzähnen, die über die Backen bis zu den bösen, gelben Augen hinaufreichten. Das Schlimmste an ihnen war der Gestank. Der, der das erste Mal die Bekanntschaft mit Orks macht, leidet unter ihrem entsetzlichen Gestank. Jesper erduldete außer all diesen Qualen obendrein noch die Furcht, die fast seine Fähigkeit, klar zu denken lähmte.

Das Dröhnen der fallenden Bäume nahm an Stärke zu - Grunga kam jede Minute näher.

Die Orks bei der Feuerstelle sprangen auf und einer von ihnen rief: "Laßt uns verschwinden, zum Teufel."

Der Große brummte: "Wir bleiben hier, bis ich sach', wir woll'n gehen..."

"Ich find' auch, daß wir seh'n sollten, wechzukomm'n.." brummte ein anderer.

"Na, das findst' du also...?" grunzte der Große, und setzte Jesper auf einen Baum. Er zeigte mit einer geballten Klaue auf ihn. "Du bleibst da sitzen, denn du sollst gefressen werden, wenn wir fertig diskutiert haben."

"Ja, ja.." antwortete Jesper und nickte. "Ich würde nicht mal im Traum dran denken, abzuhauen."

Dann ging der große Ork zur Feuerstelle hinüber. Eine Sekunde später war die Schlägerei in vollem Gange. Orks diskutieren nie - sie schlagen sich, um Meinungsverschiedenheiten zu lösen.

"Pst..." Sigurd saß auf einem Ast genau über Jespers Kopf und schaute hinunter.

"Komm jetzt - wir hauen ab..."

Jesper warf einen letzten Blick auf die Orks. Das Wasser kochte blubbernd im Topf, aber sie hatten ihn vergessen. Sie schlugen und prügelten aufeinander ein, daß Zähne nach allen Seiten flogen.

Jesper erhob sich zögernd und schlüpfte hinter den Baum.

Der Führer der Orks hob einen der anderen hoch über seinen Kopf und warf ihn auf die Feuerstelle. Der Topf stürzte um, und das kochende Wasser zischte im Laub. Der, der hineingeworfen worden war, sprang heulend herum und hielt sich das Hinterteil.

"Das wirst du bezahlen, du widerlicher Mops!" schrie er erregt. "Jetzt raucht dir gleich die Fresse, daß du´s weißt..."

"Fresse." Die Schlägerei hörte genauso plötzlich auf, wie sie begonnen hatte.

"Wo ist er, der kleine, sommersprossige Mundvoll?" brüllte der Große.

Sie blickten sich lauernd um, ohne einen Laut von sich zu geben.

"Nun komm, kleiner Spatz..." rief einer von ihnen, und die anderen lachten schallend. Jesper presste sich gegen den Baumstamm und war froh darüber, daß es dunkel war. Sigurd hob ab und verschwand zwischen den Bäumen.

"Verteilt euch..." brummte der Große, "und findet ihn. Ich werd' immer so hungrig vom disgutiern'." Seine gelben Augen suchten in der Dunkelheit.

Sigurds Stimme drang von der anderen Seite der Lichtung zu ihnen.

"Ich bin hier, zwischen den Bäumen. Versprecht, daß ihr mich nicht freßt, wenn ich rauskomme."

Die Orks zeigten. "Er ist da drin," flüsterten sie wie aus einem Munde.

"Wir tun dir nichts," brummte der Große. "Komm jetzt nur heraus, dann können wir gute Freunde werden..."

"Und dich in Stücke zerschneiden und beißen und häuten..."
flüsterten die anderen und lachten tief aus ihren Kehlen.

"Kommt und holt mich, ihr großen Strohköppe!" rief Sigurd.

"Dann holt ihn.." brüllte der Große und lief zwischen die
Bäume.

Die anderen folgten ihm, so schnell sie konnten.

Sigurd kehrte zurück. "Komm jetzt," flüsterte er. "Wir müssen
weiter..."

Jesper konnte ihn schwach auf dem Ast über seinem Kopf
erkennen.

"Wo sind sie langgelaufen?" fragte er leise.

"Gerade in Grungas Arme, obwohl Grunga keine Arme hat,"
antwortete Sigurd und lachte sein heiseres Lachen. "Das Beste
an Orks ist, daß sie so strohdumm sind. Jeder kann sie rein-
legen..."

Es knackte auf dem Waldboden, die Orks stürzten in die
verkehrte Richtung davon. Jesper lief in die andere, mit Sigurd,
der neben ihm flog. Sie erreichten die Mauer gleichzeitig, als
die Orks Grunga begegneten.

Sie hörten weit weg zwischen den Bäumen das Gebrüll der
Orks.

"Verdammt!!" brüllte der Große. "Weg, ihr Strohköppe!"
schrie er und flüchtete dann. Die anderen riefen und schrien,
denn keiner in ganz Abenteuerland konnte mit Grunga fertig
werden, bis auf Sir Gawain und dann dieser andere, der kleine,
tapfere Schneider. Aber das ist eine andere Geschichte.

"Wir sind da," zischte Sigurd.

Jesper berührte vorsichtig die kalte Mauer mit seiner
Handfläche.

"Sieh..." flüsterte Sigurd. "Es ist vielleicht schon zu spät."

Unter der Mauer sickerte die blanke Spiegelfläche hervor und
strömte hinein durch den Wald ins Abenteuerland. An ein - zwei
Stellen war sie unter der Mauer durchgebrochen. Bald würde sie

die Ganze durchbrechen und sich in der alten Welt ausbreiten und sie auslöschen.

"Wir haben es eilig..." flüsterte Jesper.

Sie kletterten auf den Steinhaufen und von da weiter über die Steinhalde, bis sie schließlich oben auf dem Rand der Mauer standen und hineinstarrten. Das war DOS, wie sie es erinnerten, seit ihres letzten Besuches hier.

"Ich weiß nicht recht," zischte Sigurd heiser.

"Willst du ihn sehen?" fragte Jesper. "Den Stein..."

" Jahh.." antwortete Sigurd mit piepsiger Stimme. "Das wäre vielleicht sehr gut. Ich brauch nämlich so etwas, wie eine kleine Aufmunterung, verstehst du?"

Jesper kniete sich hin und zog die Brosche vor, damit Sigurd sie besser sehen konnte.

"WUNderschön..." stöhnte er entzückt. "Jah, jetzt bin ich bereit, laß uns weitergehen..."

Jesper ließ sich über die Kante der Mauer gleiten und rutschte von dort an einem dicken Stängel hinunter, der auf der gegenüberliegenden Seite ganz bis zur Erde reichte.

"Klonk..." machte es. Dann stand er da, auf der Spiegelfläche in dem verbotenen Land.

"Los, weg," zischte Sigurd. "Von jetzt an gehts um unser Leben, jede Sekunde."

Jesper fiel der Blattsauger ein, und er rannte los. Er türmte auf einen der Tunnel zu, so schnell ihn seine Beine tragen konnten. Aber auf dem halben Weg dorthin öffnete sich eine Luke, und ein Blattsauger summte heraus, über den Spiegel, auf ihn zu.

Er war vorsichtig, das war deutlich zu merken. Er schnurrte auf ihn zu, während er ihn mit seinen künstlichen Augen studierte.

"Was jetzt?" flüsterte Jesper.

"Hau ihm eins auf die Schnauze..." zischte Sigurd.

"Da hab ich keine Lust zu..." Jesper schüttelte den Kopf.

"Die kriegst du bald..." meinte Sigurd nachdrücklich.

Dann, während sie so standen und sich gegenseitig abschätzten, passierte etwas, daß keiner von ihnen erwartet hatte.

Hinter ihnen ertönte ein lautes Krachen, als ein Steinblock von der Kante der Mauer auf den Spiegel hinunterstürzte. Die blanke Fläche zitterte unter ihren Füßen, und der Steinblock donnerte auf den Tunnel zu. Der Blattsauger richtete seine künstlichen Augen auf die Mauer und entdeckte ihn.

Grunga stand mit dem Kopf über der Mauer und sah hinein. Er hatte einen wilden Blick in den Augen. Dann öffnete er seinen fürchterlichen Rachen und spie ein Meer aus Feuer über DOS.

"Der Tunnel..." schrie Sigurd und flatterte hinein. Jesper folgte ihm.

Sobald sie drinnen waren, schloß sich die Luke. Und sie bemerkten, daß man von innen gut nach draußen sehen konnte. Man konnte nur von draußen nicht hineinsehen.

Das Feuer zischte über den Spiegel, und der Blattsauger schmolz vor ihren Augen. Jesper tat er leid, er hatte ihnen nichts getan.

Grunga begann, sich durch die Mauer zu drängen, und Steinblöcke brachen herab. Die Mauer stürzte zusammen mit einem ohrenbetäubenden Lärm, der über DOS hinwegrollte und davor warnte, daß hier einer der Mächtigen aus Abenteuerland gekommen war, um nun Radau zu machen, wo es Sir Gawain nicht mehr gab.

"Weiter, kleiner," sagte Sigurd. "Grunga ist gefährlicher als du glaubst. Wir schaffen es, weil wir den Magneten haben - den schönen Magneten."

Jesper nickte. Mitten im Tunnel war eine Art Fußweg. Über diesem Fußweg schoß ein dicker Strahl aus rotem Licht hinweg. Jesper trat in den Strahl und verschwand. Sigurd, der nach Grunga Ausschau gehalten hatte, war verwirrt, als er entdeckte, daß er weg war. In seiner Verwirrung flog er selbst in das Licht und sauste hinter ihm her.

Sie taumelten aus dem Tunnel heraus in einen viereckigen Raum. Vor ihnen stand ein Roboter mit künstlichen Augen und betrachtete sie.

"A-ha..." sagte er mit seiner metallischen Stimme.

"Teilnehmer der Spiele, sehe ich..." er sprach seltsam.

"Wer bist du?" fragte Sigurd.

"Ich bin Megabyte Nummer 042..." antwortete er höflich. "Ich soll euch für das Spiel bereit machen. Ihr gleicht nicht gerade den üblichen Teilnehmern?"

"Du sprichst merkwürdig," zischte Sigurd. "Bist du krank?"

"Er ist völlig in Ordnung, Sigurd," flüsterte Jesper. "Klar, Kumpel..."

"Ich kann nicht zornig werden..." sagte er gleichgültig. "Ich bin so programmiert, daß ich weder böse noch krank werden kann..."

"Na, dann..." sagte Sigurd. "Was machen wir jetzt? Wir wollen gerne zu Electro."

"Das ist der Traum aller," antwortete Megabyte Nummer 042.

"Ihr müßt spielen, um dorthin zu kommen. Aber ich warne euch, Electro ist mächtig, viel mächtiger als Merlin..."

"Wo ist Merlin?" fragte Sigurd.

"Das weiß nur Electro," antwortete er metallisch. "Aber sag mir - ihr seht etwas zerbrechlich aus. Wer hat euch zum Spielen geschickt?"

Jesper und Sigurd sahen einander an. Dann setzte Jesper sein frechstes Grinsen auf und sagte:

"Das haben wir selbst. Wir sind nämlich einfach recht gut in Computerspielen..."

Der Schwarze Sigurd nickte überlegen.

"Das glauben alle, daß sie das sind. Sie werden hinterher klüger..." bemerkte Megabyte Nummer 042. "Ihr seid sehr neugierig..." sagte er dann. "Wo kommt ihr her, Abteilung für Kriegsspiele oder Abteilung für neue Programme?"

Jesper sah Sigurd an. Sigurd blinzelte ihm zu und sagte an den Roboter gewandt: "Wir kommen aus der Abteilung für Abenteuer..."

"Sie machen so viel neues..." stöhnte der Roboter und schüttelte knackend seinen Kopf.

"Du mußt etwas geschmiert werden," murmelte Jesper.

"Das weiß ich.." bemerkte er und betrachtete ihn verstohlen.

"Ihr werdet jetzt getestet werden.." sagte er und zeigte auf einen Lichstrahl, der durch die Luft hinunterkam. Der Lichtstrahl traf eine blanke Fläche auf dem Boden, circa ein Meter im Durchmesser. "Stellt euch dadrüben in das Licht..."

"Wir sind doch keine Roboter..." sagte Jesper schnell.

"Schhh..." beruhigte Sigurd.

"Sei so freundlich und wiederhole," sagte Megabyte Nummer 042.

"Gar nichts…" Jesper starrte in das starke Licht. "Gar nichts."

Dann trat er mit Sigurd auf der Schulter und dem kleinen, roten Magneten in der Tasche in den Lichtkegel.

"Schlechter Sektor," murmelte Megabyte Nummer 042. "Was für eine Art Programm seid ihr, ganz genau?" Er wirkte plötzlich sehr mißtrauisch.

"Das Abenteuerprogramm..." sagte Jesper und sah in die künstlichen Augen. Das hatte er vor langer Zeit gelernt. Wenn man ein schlechtes Gewissen hat, soll man auf keinen Fall den Blick auf den Boden senken, das wäre der sicherste Weg, entlarvt zu werden.

"Ihr seid ein Antiprogramm..." sagte er anklagend. "Wo seid ihr hergekommen?" Er sah sich um und wirkte nervös.

"Ein Antiprogramm? Was ist ein Antiprogramm...?"

"Ihr seid nicht aus DOS. Ihr seid Lebendige." Er flüsterte fast.

"Wir MÜSSEN zu Electro." sagte Jesper. "Du mußt uns helfen, dorthin zu kommen.." Der Schwarze Sigurd nickte zustimmend.

"Ihr habt keine Chance beim Computerspiel. Kein Antiprogramm ist schlau genug..."

"Oh," grinste Sigurd. "Wir sind also milde ausgedrückt recht schlau..."

" Ich bin auch recht gut in Computerspielen," stimmte Jesper zu.

"Die, die hierher zu kommen pflegen, sind unhöflich," sagte Megabyte Nummer 042. "Ihr seid die ersten, die ordentlich mit mir gesprochen haben. Darum möchte ich euch nicht zu Grunde gehen sehen."

Jesper lachte. "Man stirbt doch nicht, wenn man Computerspiele spielt. Nicht wahr, Sigurd?"

"Selbstverständlich nicht." Sigurd blinzelte mit den Augen. "Nur ruhig…"

"Wie ihr wollt," sagte er. "Aber ihr könnt es nicht ohne Hilfe schaffen. Und diese Hilfe werde ich euch geben. Steht jetzt ganz still..."

Es zischte um sie herum, von dem elektromagnetischen Feld, das sie umschloß. Sigurd erschreckte, flog aus dem Licht und entging dem, was jetzt passierte.

Über Prinzessin Isabels Musketier uniform wurde Jesper in ein phantastisches Kostüm aus elektrischen Kreisläufen mit kleinen, blinkenden Leuchtdioden gekleidet. Er glitzerte und funkelte, und Sigurd betrachtete ihn entzückt im Schatten einer Wand.

"Du bist ein Schmuckstück geworden, Kleiner," zischte er. "Du bist ein richtiges, lebendes Schmuckstück..."

"Das will ich nicht, Sigurd," antwortete Jesper. "Ich bin ich, und damit basta!"

"Ich bin ich..???" wiederholte Megabyte Nummer 042 und wunderte sich mächtig. "Ich bin ich..???"

Jesper trat auf den Boden hinaus und ging zu ihnen.

"Was sollen wir jetzt?"

"Vergeßt nicht, daß ich euch gewarnt habe," sagte Megabyte Nummer 042 leise.

"Ja, ja..." sagte Jesper ungeduldig. "Aber was passiert dort?"

"Ihr müßt an Spielen teilnehmen. Je weiter ihr kommt, je besser seid ihr. Noch ist keiner ganz durchgekommen..."

Jesper verstand nicht richtig.

"Willkommen in der Welt des Computerspiels!" sagte Megabyte Nummer 042. Bald wird keiner in der wirklichen Welt mehr Abenteuer brauchen. Abenteuer sind hoffnungslos unmodern. Es ist einfach kein Bedarf für Abenteuer mehr. Electro wird die Phantasie der Welt."

"Da siehst du, was ich dir gesagt hab, Kleiner," flüsterte Sigurd.

'Electro wird nie meine Phantasie...' dachte Jesper.

Ein Videoschirm an einer Wand zeigte einen orangen Blitz in einem schwarzen Kreis.

"Die Nächsten - das seid ihr," sagte Nummer 042. "Das letzte Programm, was ich hindurchschickte war ein Kriegsprogramm. Es schaffte es nur bis zum Weltraumspiel. Ihr haltet wohl nicht recht lange durch..."

"Danke für die Aufmunterung," sagte Jesper. "Endlich, Sigurd.."

Eine hohe und breite Klappe in der Wand sauste in einem Rahmen hoch. Im nächsten Augenblick fuhren sie in eine roße, dunkle Halle auf einem lautlos rollenden Fußweg.

Es zitterte in der Luft vor Energie und Erwartung. Warten - ohne zu ahnen, was da kommen würde...

Hinter ihnen sauste die Klappe zu, so leise, so leise…

"Ich bin ich..???" murmelte Megabyte Nummer 042 verwundert, dann war er weg.

"Was nun?" zischte Sigurd.

"Schhh..." beruhigte Jesper. "Halt einen Augenblick den Mund, Sigurd..."

Dann auf einmal füllte sich die Mitte des Bodens mit einem leuchtenden Muster. Figuren füllten es aus, eine nach der anderen, mit wachsender Eile. Es waren neun Felder. Kreuze und Kreise wirbelten mit einem wahnsinnigen Tempo durcheinander, bis die Kreuze gewannen, und die Kreise flimmerten - und verschwanden.

"Kreuz und Kreis," flüsterte Jesper eifrig. Das hatte er schon einmal gespielt. "Das ist Kinderkram, Sigurd. Sie nur einmal hin..."

"Kenn ich gut," nickte Sigurd. "Da stirbt man doch nicht dran..."

"Nein, von Kinderkram gewiß nicht, sieh jetzt gut zu..."

Die Felder waren markiert mit Zahlen von 1 - 9, beginnend in der obersten linken Ecke.

"RUN!" sagte eine metallische Stimme.

"Was sagt er?" fragte Sigurd.

"Das weiß ich wirklich nicht," sagte Jesper. "Wir fangen einfach an, dann sehen wir was passiert.."

Er ging auf das mittlerste Feld und stellte sich hin und wartete.

"KREIS NR.5," sagte die Stimme kalt. "KREUZ NR.4."

Das Kreuz leuchtete phosphoreszierend auf dem Boden.

Jesper ging hinüber auf Feld Nummer 7.

"Gut, Kleiner..." flüsterte Sigurd. "Genau, was ich selbst getan hätte..."

"KREIS NR. 7," ertönte die Stimme. "KREUZ NR.3."

Jesper sah sich um. "Nummer Acht?" flüsterte Jesper. Sigurd nickte und versuchte auszusehen, als ob er Bescheid wüßte.

Er stellte sich darauf, und die Stimme sagte: "KREIS NR.8."

Der Boden zitterte schwach unter ihnen. "Unglaublich, Kleiner," flüsterte Sigurd. "Nun kriegen sie ein paar auf die Schnauze..."

"KREUZ NR.2," dröhnte die Stimme kalt.

"Was ist mit Nummer eins?" fragte Sigurd.

"Ich bin ganz verwirrt, Sigurd. Ich weiß nicht, was am geschicktesten ist."

"5 SEKUNDEN ZUR VERFÜGUNG, SONST GELÖSCHT!" warnte die Stimme.

"Hej, sieh doch," sagte Jesper. Er hüpfte auf Feld Nummer neun und hatte drei in einer Reihe.

"KREIS NR. 9," sagte die Stimme. "WELCHER SOLL ENTFERNT WERDEN? Jesper trat auf Nummer 5, sie verschwand.

Das Spielfeld verschwand mit einem Blitz. Der Boden lag dunkel unter ihnen.

"GAME OVER!" klirrte die Stimme. "MAX. POINT - 1500 POINT FÜR DAS ABENTEUERPROGRAMM."

"Das sind wir," lachte Jesper. "Das ist doch nicht so gefährlich..?"

"Stark, Kleiner." Sigurd lachte heiser, und die Augen blinzelten in seinem schwarzen Gesicht. "Wir zwei zusammen, Kleiner - das gibt Schwung..."

Der Fußweg rollte weiter. Sie zischten durch eine Halle, in einen Tunnel hinaus und in eine andere Halle.

"ABBRUCH DES SPIELS - ANLAGE BESCHÄDIGT VON ANTIPROGRAMM..." ertönte es.

Die mit ihrem 'Antiprogramm'..." dachte Jesper.

Ein Schirm an einer Wand zeigte das Bild eines Wesens - draußen. Es war Grunga - der Drachen. Er hatte einen Tunnel zerschlagen und stand nun da und glotzte hinein, mitten in einem Regen von Funken. Jedes Mal, wenn er atmete, schoßen aus seinem Rachen Flammen in den Tunnel.

"Er vernichtet die Spiele." sagte Jesper erbost.

"Wenn die Spiele so ungefährlich sind, können sie Grunga nichts tun," meinte Sigurd.

"VERNICHTUNG DES ANTIPROGRAMMS!" befahl eine Stimme. Die Halle bebte wieder, es verlangte viel Energie, Grunga zum Verschwinden zu bringen, und ihn in Luft aufzulösen.

Während sie auf den Schirm starrten, verschwand Grunga in einem glühenden Flimmern. Zurück blieb nur der verwüstete Tunnel, in Rauch eingehüllt.

"Wir sind auch Antiprogramme," flüsterte Jesper. "Wir zwei, Sigurd…"

"Schhh," beruhigte Sigurd. "Kein Grund, darüber zu viel zu reden..."

Der Fußweg fuhr weiter unter dem Bild des verwüsteten Tunnels entlang. Das Licht ging wieder an. Vor ihnen stand ein GigaByte mit Messern über Kreuz.

"Der nächste Test ist ein Reaktionstest," sagte er mit scharfer, tonloser Stimme. Er betrachtete Jesper mit seinen künstlichen Augen. Sie hatten keinen Ausdruck, weder Freundlichkeit noch Unfreundlichkeit - nur kaltes Maschinendenken.

"Pac-Man," sagte er. "Du bist der Käse.."Er zeigte mit dem einen Messer auf Jesper.

"Du bist ein Käse," grinste Sigurd ihm ins Ohr. "Hast du das gehört, Fister..?"

"Halt die Klappe, Sigurd." Jesper sah dem GigaByte in die Linsen.

"Wer bist du..?"

"So heißt es nicht," berichtigte der ihn. "Was bist du - ist die richtig formulierte Frage. Erinnre dich daran - du mußt falsch programmiert sein. Das werde ich berichten…"

"Was bist du?" fragte Jesper.

"GigaByte 013," antwortete er mechanisch. "Wir treffen uns im nächsten Spiel, wenn du es erreichst."

Er summte fort über den Boden und verschwand in der Dunkelheit. Jesper und Sigurd warteten in einem Lichtkegel auf dem Fußweg, der anhielt.

Dann summte es wieder - eine Wand schoß durch den Boden hinauf - lautlos...

"SCHWIERIGKEITSGRAD 3," klirrte eine Stimme.

"Was dann?" fragte Sigurd

"Das hier, das habe ich auf dem Computer meines Vaters," sagte Jesper. "Ich habe Pac-Man zu Hause gespielt. Wir sind mitten in einem Labyrinth, Sigurd - diese Pac-Männer laufen furzend im Labyrinth herum und fressen sich durch. Es ist leicht, wenn man es kann."

"RUN.." befahl eine Stimme.

Sie standen still und lauschten. Aber es war nicht ein Laut, kein Lärm zu hören, der Aufschluß gab, wo die Pac-Männer sich befanden.

Links von ihnen erstreckte sich ein langer Korridor, so weit sie sehen konnten. Wenn sie geradeaus sahen, machte der Korridor eine Kurve von zehn - zwölf Metern. Nach rechts endete er in einer Sackgasse. Es war in Wahrheit ein Labyrinth, und nichts entlarvte die Bewegungen der Angreifer.

Plötzlich kam ein Pac-Man in den linken Korridor. Er kam mitten auf dem Boden aus einem Seitenkorridor heraus. Er steuerte direkt auf sie zu, während er unaufhörlich die Kiefer auf und zu schlug.

Das Schlimmste war fast, daß auch nicht der kleinste Laut von ihm kam. Er hatte ein elektronisches Auge vorne, er konnte nur geradeaus sehen - nicht zur Seite. Aber er hatte sie gesehen und steuerte nun in voller Fahrt auf sie zu.

"Weg, Kleiner!!!" schrie Sigurd.

Jesper lief erst nach rechts, weg von dem Pac-man, aber Sigurd berichtigte ihn. "Nicht da lang, Fister. Das ist eine Sackgasse!"

Jesper drehte auf den Hacken um und stürzte den Gang hinunter, der geradeaus verlief. Der Pac-man war dicht hinter ihm. Sie rannten alles was sie konnten um eine Ecke herum, einen neuen Korridor entlang nach links und dann den ersten Gang wieder nach links.

"Ist er weg?" keuchte Jesper und stützte sich gegen eine Wand.

"Gut gemacht," krächzte Sigurd. "Glaubst du, da sind mehr als einer...?"

"Nicht bei Schwierigkeitsgrad 3, " antwortete Jesper. "Wenn sie nicht..." Mehr konnte er nicht sagen. Aber Sigurd wußte, was er dachte.

"SCHWIERIGKEITSGRAD 4," sagte eine Stimme. "RUN.."

"Jetzt sind es zwei," flüsterte Jesper und begann, zu schwitzen.

"Lauf," zischte Sigurd.

"Wohin..?"

"Keine Ahnung," sagte Sigurd. "Lauf bloß..."

"Ich bleibe hier, Sigurd. Wenn du wissen willst, wo sie sind, dann kannst du losfliegen, und sie finden..."

"Genial!" seufzte Sigurd, sichtlich imponiert. "Warum bin ich nicht selber draufgekommen, Kleiner..?"

Mit diesen Worten hob er ab und flatterte durch den Korridor. In einem Augenblick war er hinter einer Ecke verschwunden, dann tauchte er wieder auf, mit einem breiten Grinsen in seiner schwarzen Vogelfratze.

"Es war nur einer, aber der donnerte vorbei, ohne nachzudenken..."

"Sie können nicht denken," sagte Jesper. "Sie werden von einer Datenmaschine gesteuert. Finde raus, wie viele sie sind."

"Jo!" schrie Sigurd und flatterte auf Entdeckungsflug.

Jesper stand an der Wand und bekam inzwischen seine Puste wieder.

Gerade als Sigurd zurückkam, tauchte einer am anderen Ende des Korridors auf.

"Es sind zwei!" rief Sigurd. "Und der eine ist auf dem Weg hierher…"

Jesper rannte los. Sigurd flog über den Wänden und hielt Ausschau. Schließlich hing er hoch in der Luft, schaute hinunter, und rief Jesper zu, welchen Weg er laufen sollte.

"Geradeaus." Jesper stürzte davon.

"Rechts - nein, links!!" schrie Sigurd. Jesper drehte auf dem Absatz um und lief nach links. Ein Pac-Man zischte im parallel verlaufenden Gang vorbei.

"Puh," stöhnte Jesper.

"Weg, Kleiner!" schrie Sigurd von seinem Aussichtsposten. "Nein - nein, nicht den Weg. Den anderen Weg - ja, so..."

Sigurd dirigierte und rief, daß es durch die Hallen dröhnte.

"Was für ein Programm.." dachte Megabyte Nummer 042, der im Checkraum stand und sie auf dem Videoschirm sah. "Und dabei ist es nur ein Anti-programm..."

"SCHWIERIGKEITSGRAD 7." dröhnte die Stimme. "Oh, ncin..." dachte Jesper.

Sigurd rief von oben. Erst den einen Weg, dann den anderen und dann wieder den ersten. Es war unmöglich - es war einfach Zuviel.

Er stürzte gedankenlos davon, ohne zu wissen, ob es richtig war oder falsch. Es war ihm auch egal - er war so müde, und er schwitzte, daß er feucht am Hals war. Sigurd landete auf seiner Schulter.

"Was zum Teufel, Kleiner. Warum bist du nicht nach links gelaufen, als ich es gerufen habe?"

"Wann war das?" stöhnte Jesper.

"Ja, laß mich mal sehen," plapperte Sigurd. "Erst liefst du geradeaus, dann drehtest du nach links, und dann..."

"Da kommt einer!" schrie Jesper. Er türmte wieder los, drehte nach links und lief direkt gegen eine Wand.

"Was ist passiert..?" schrie er.

"Es ist eine Sackgasse," jammerte Sigurd.

"Ich dachte, du sagtest, du wärst geschickt in diesem Spiel," zischte Sigurd.

"Ja, aber..." begann Jesper und keuchte nach Luft. "Es ist etwas ganz anderes zu Hause am Computer, Sigurd. Was passiert wenn sie uns finden..? Wo schaltet man das Spiel aus..?"

Ein Pac-Man kurvte um die Ecke in ihren Korridor hinunter und entdeckte sie.

"Man kann hier bestimmt nichts ausschalten, Fister," flüsterte Sigurd.

Nun war es geschehen - mit ihnen, mit Abenteuerland und mit allem.

Er presste sich gegen die Wand, aber sie gab nicht nach. Sigurd starrte in den Kiefer des Pac-Mans, der lautlos auf und zu schlug.

"Was passiert hinterher mit ihm..?" fragte Sigurd.

"Er verschwindet!" rief Jesper. "Aber erst frißt er uns."

"Der Magnet, Kleiner," zischte Sigurd und bekam den - `bin ich nicht schlau` -Blick in die Augen.

Ich kann ihn nicht herauskriegen," flüsterte Jesper. "Er ist unter meinem Programmanzug..."

Sigurd warf sich von seiner Schulter. Der Pac-Man war 10 Meter weg. Er eilte auf sie zu, während er sie mit seinem kalten Auge festhielt.

"Das sollte Spaß machen, das hier!" schrie Jesper. Sigurd flog genau auf dessen Kopf. Das meiste seines Körpers war der Kiefer, aber über dem Kiefer saß das Auge.

Sigurd flatterte auf das Auge und setzte sich fest darauf, sodaß der Pac-Man nicht mehr sehen konnte. Und da er nichts mehr sehen konnte, glaubte er, daß er in einer Sackgasse an einer Wand geendet sei. Und er war so programmiert, daß er sich dann selbst `löschte`. So tat er es - und verschwand.

Sigurd fiel mit einem Klatsch auf den Boden, blieb etwas liegen und stöhnte vor Schmerzen.

"Mir scheint, ich bin es, der dich die ganze Zeit rettet," seufzte er.

"Ich kann ja auch nicht fliegen, Sigurd." Jesper spähte in einen Quergang, der nächste mußte bald kommen.

"Finde du nun den Magneten, Kleiner. Wir schaffen es nicht mehr lange, mit ihnen fertig zu werden," sagte Sigurd.

Der nächste kam in ihren Korridor und steuerte direkt auf sie zu.

"Der Schwarze Sigurd, der große Pac-Man Killer," röchelte Sigurd und flog auf ihn zu. Er landete wieder auf dem Auge, und wieder verschwand er genauso plötzlich, wie er gekommen war.

"ENDE DES SPIELS," klirrte die Stimme auf sie herab.

Die Wände zischten in den Boden - sie standen wieder auf dem Fußweg, der sie weiterrollte - zum nächsten Spiel.

"Wir haben es geschafft," flüsterte Sigurd. Jesper hatte die Hand unter den Anzug bekommen, und nun galt es, den Magneten zu finden.

"LAZERSPIEL IM BLAUEN SEKTOR," verkündete eine Metallstimme. Ein GigaByte wartete.

Der Fußweg hielt an, als sie ein paar Meter vor ihm standen. Er sah sie leer an, schätzte sie genau ab, bevor er sprach.

"Ihr habt es bis hier geschafft," sagte er. "Das nächste Spiel ist das letzte in der Reihe, aber wurde vorgerückt. Der große Electro will keine Energie auf ein Antiprogramm aus Abenteuerland vergeuden."

Das Blut gefror zu Eis, in beiden, in Jesper und in Sigurd.

"Wir haben so gesehen nicht mehr recht viel Zeit, noch mitzuspielen," sagte Sigurd. "Wir haben eine Verabredung. ."

"Wenn ich über euch grinsen könnte, dann täte ich es," sagte der GigaByte. "Aber darauf bin ich nicht programmiert.." Er summte herum und zeigte mit seinem Messer.

"Weil wir wissen, wer ihr seid, werden wir euch etwas helfen. Sonst haltet ihr nicht lange genug durch, um den großen Electro zu amüsieren."

Er wartete, aber sie sagten gar nichts.

"Ihr werdet jetzt ZAK treffen. Das beste Kriegsprogramm von Electro. Keiner hat jemals ZAK besiegt. Bevor das Spiel beginnt werde ich den Anzug abmontieren, den du anhast. Ein Antiprogramm ist ein Antiprogramm - und soll wie eines kämpfen."

"Kämpfen..?" murmelte Jesper. "Das ist doch nur ein Spiel..?"

"Nur?" sagte der GigaByte. "Hier ist nichts 'nur'..." Er drehte sich blitzschnell um und schnitt den Anzug mit dem Messer in Fetzen.

Jesper trat aus ihnen heraus und stand da in Prinzessin Isabels Uniform mit dem Federhut, den langschäftigen Stiefeln und dem Säbel. Auf der Brust hatte er den Schmuck mit dem großen, tiefroten Stein.

"Der Schmuck," zischte Sigurd. "Der WUN-derschöne..."

"Leider entkamt ihr mir. Es wäre eine schöne Abwechslung gewesen, das etwas weiter auszuspinnen," sagte der GigaByte.

Dann summte er über den Boden und verschwand.

"Antiprogramm," seufzte Jesper. "Ich bin wirklich nicht so ein Antiprogramm - ich bin ein Mensch."

"Da siehst du´s..." sagte Sigurd. "All dieser Computerquatsch hier und da, der taugt zu gar nichts. Du warst das Genie hier..."

Der Fußweg rollte etwas weiter, dann hielt er wieder. Sie standen bei einer Maschine. Jesper legte eine Hand darauf, sie war weder kalt noch warm.

"Eine richtige Antimaschine," murmelte Sigurd.

"Ja, ja…" sagte Jesper. "Was sollen wir damit?"

"DIE SPIELREGELN." verkündete eine Metallstimme.

"JEDES PROGRAMM HAT DREI CHANCEN. 3. FEHLER BEDEUTET LÖSCHEN. NIMM PLATZ IN DER MASCHINE."

"Wir sollten lieber raufklettern," flüsterte Jesper.

"Jo..." flüsterte Sigurd.

Innen in der Maschine leuchteten Instrumente im Halbdunkel auf. Es glich nichts, was man mit Worten, die Jesper kannte, beschreiben konnte. Eine Art Auto, fast - ohne Räder, ohne Steuerrad oder Fenster. Es gab nur Instrumente. Der Bildschirm war in mehrere hundert Felder aufgeteilt. Jeder Felderblock war in Zonen von A -Z aufgeteilt.

"RUN." sagte eine Stimme. Draußen wurde ein künstliches Licht auf eine künstliche Landschaft geworfen.

Es waren enorme Felsformationen, geschaffen aus Licht und elektromagnetischen Feldern. Alles konnte mit dem Druck auf einen Knopf gelöscht werden, aber trotz dessen konnten sie in dieser Landschaft herumfahren, als ob sie wirklich existierte.

"Fahr jetzt," sagte Jesper, aber nichts passierte.

"Drück auf einen Knopf," zischte Sigurd. "Den blauen da..."

Jesper tat, was er sagte, eigentlich, weil er selbst keinen besseren Vorschlag hätte.

Die Maschine summte voran, schnell und lautlos.

"Ich kann es einfach, das mit diesen Computern," prahlte Sigurd.

"Laß uns nun sehen," sagte Jesper. "Was machen wir denn jetzt..?"

"Laß mich nachdenken, Kleiner. Laß mich nachdenken."

Während Sigurd nachdachte, tauchte eine andere Maschine auf dem Bildschirm auf. Sie war weit weg, aber steuerte genau auf sie zu - und schoß.

Das Feld vor dem, auf dem sie fuhren, verschwand. Das Feld war gelöscht und auf dem Schirm blinkte ein rotes Loch vor ihnen.

"Dreh!" rief Sigurd, aber zu spät. Die Maschine zischte über die Kante und sauste in den Abgrund.

"1. CHANCE VERGEBEN," sagte die Stimme. "2 CHANCEN ÜBRIG."

Die Maschine war zurück auf dem Feld. Wieder zischte sie mit großer Geschwindigkeit auf den Abgrund zu.

"Die Stange - zieh an der Stange!" rief Sigurd.

Jesper tat, wie er sagte. Es war ein Steuerknüppel. Er zog ihn nach links, und die Maschine fuhr nach links, ohne die Geschwindigkeit herabzusetzen. Sigurd fiel von Jespers Schulter hinunter und rutschte auf dem Rücken über den Boden.

"Auto..." las Jesper. Er drückte auf den Knopf und ein Turm begann, sich zu drehen. Dann verschwand das Feld vor ihnen wieder, und sie stürzten in den Abgrund, bevor einer von ihnen reagieren konnte.

"2. CHANCE VERGEBEN," klirrte die Stimme. Sie waren wieder auf dem Feld.

"Wir sind durchgefallen!" rief Jesper. Er türmte durch die Kabine zur Tür hinüber und warf sich hinaus in die Luft. Sigurd flatterte hinter ihm her.

"Hast du dich gestoßen..?"

"Nicht sehr," stöhnte Jesper. "Aber ich könnte mir gut denken, bald nach Hause zu kommen.."

Die Maschine fuhr weiter durch die Landschaft. ZAKs Maschine kam heulend hinter ihrer her, am Horizont. Sie schoß wieder, und das Feld vor ihrer Maschine verschwand. Dasselbe geschah mit ihrer Maschine.

Sie stürzte über den Abgrund und war weg.

"3. CHANCE VERGEBEN," polterte die Stimme. "MASCHINE LEER - FINDET SIE…"

"Dann ist sie weg, Kleiner. Dieser ZAK kommt und spielt gleich mit uns."

Jesper lief über die künstlichen Felsen zu einem Berg, der vor ihm aufragte. Er versteckte sich in einer Kluft und spähte zurück über die Fläche.

Die rote Maschine kam zischend über den Boden - nach ihnen suchend, gezielt. Als sie schoß, wurde das Feld vor der Kluft gelöscht und sie waren darin gefangen.

"Jetzt kommen wir nicht mehr weg," seufzte Jesper aufgebend.

"Wir sind erledigt," plapperte Sigurd. "Er ist in Nullkomma-fünf hier.."

"Der Hund!" riefen sie beide wie aus einem Munde. "Der Hund mit den Augen so groß wie Teetassen…"

Jesper wühlte in den Taschen nach der Flöte. Er riß sie heraus und pustete bis er Wasser in den Augen hatte.

"Starker Ton," murmelte Sigurd.

"Zzzwiiing.." machte es, dann stand er da.

"Ihr habt gerufen..?" murmelte er und gähnte unbeherrscht.

"Wir wollen hier gerne weg," bat Jesper.

"So`n bißchen eilig," sagte Sigurd.

"Ja, ja.." sagte der Hund und rieb sich die Augen. "Eile mit Weile, das hab ich schon als Welpe gelernt..."

"Bist du ein richtiger Welpe gewesen..?" fragte Jesper.

"Das bin ich wohl," antwortete der Hund und gähnte wieder. "Ich kann mich wirklich nicht daran erinnern, denn ich schlief meistens..."

Die Maschine kam näher.

"Die Maschine da," zeigte Jesper. "Die hab ich reichlich satt."

"Hmm," sagte der Hund. "Interessanter Ort, das hier. Möchtet ihr mir nicht erzählen, wo wir eigentlich sind..? Ich schaffte es nicht, auf den Weg zu achten, ich lief dem Ton der Flöte nach."

"Wir sind in DOS," sagte Jesper. "Mitten in einem Kriegsprogramm..."

Jetzt hatte er plötzlich wieder Augen so groß wie Teetassen.

"DOS..? Sitzt auf - in Nullkommafünf sind wir weg. Das ist ja Wahnsinn," bellte er und rollte mit seinen enormen Augen.

"Wenn wir dich haben, kann es nicht ganz so schlimm werden," sagte Jesper.

"Wir werden sehen," antwortete der Hund. "Haltet euch fest!"

Gleichzeitig als er sprang, über die Felsen - außenherum um das gelöschte Feld, schoß ZAK den Felsen unter ihnen weg. Der Hund rutschte über den glatten Boden, fand die Balance wieder und donnerte zwischen den Bergen davon.

Er lief und lief bis die Landschaft plötzlich aufhörte, und sie auf einer schwarzen Fläche standen. Auf dem Boden erschienen Buchstaben vor ihnen, weiß wie Neon.

"ENDE DES PROGRAMMS." stand da.

"Kann man aus so einem Programm nicht `rauskommen..?" fragte Jesper.

"Keine Ahnung," gackerte Sigurd.

Der Hund gähnte und sah sich schläfrig um. "Ich werde so enorm schläfrig, wenn ich so herumrenne," seufzte er.

"Dann müssen wir über ZAK siegen," sagte Jesper.

"Das kannst du gleich aufgeben," gähnte der Hund. "Keiner kann über ZAK siegen..."

"Woher weißt du das..?" fragte Jesper.

"Das habe ich geträumt," antwortete der Hund. "Glaubst du nie an das, was du träumst..?"

"Ja - gerade jetzt tue ich es," sagte Jesper und dachte an seine Eltern und an Henrik und all die zu Hause, die nicht ahnten, daß er hier stand - in DOS - und kurz davor war, gelöscht zu werden.

"Wir müssen," sagte Jesper. "Sonst ist es passiert mit der ganzen Bescherung.."

"Das wäre eine andere Sache," sagte der Hund. "Dann müssen wir wohl lieber..."

Er rannte wieder davon mit ihnen auf dem Rücken. Nun suchten sie nach ZAK, es war nichtlänger nur er, der nach ihnen suchte.

Jesper fühlte in der Tasche. Der Magnet fühlte sich so schön hart gegen den Schenkel an.

Die Maschine kam hinter einem Felsen herausgefahren, auf dem sie sich zufälligerweise versteckt hatten. Sie fuhr auf die Felder hinaus, während das Sichtfenster im Turm die Gegend nach Leben absuchte. Sie hielt ein Stück draußen, mitten in der Zone G.

"Um sie herum, gerade bis zur Grenze zum nächsten Feld," flüsterte Jesper.

"Aber gerne," sagte der Hund. "Wenn du bloß weißt, was du tust..."

"Das weiß er," sagte Sigurd. "Ich habe ihm selbst eine Menge beigebracht. Er ist der gelehrigste."

"Gut," sagte der Hund. "Ab mit uns."

In Nullkommaeins standen sie am Rand des Feldes hinter ZAKs Maschine.

Jesper hüpfte hinunter und lief zur Grenze zwischen ihrem Feld und der Maschine. Hier kniete er sich hin, fischte den Magneten aus der Tasche und legte ihn auf das Feld, auf dem die Maschine stand.

Der Boden zitterte, ganz schwach. Dann verschwand sie, absichtlich, weil ein kleiner Magnet da war. Aber wie gesagt - Magnete brauchen nicht recht groß zu sein, um ein Datenprogramm abstürzen zu lassen.

Sie sahen ZAK nie.

Er stürzte in den Abgrund, eingesperrt in die Maschine, und verschwand.

Vielleicht war er die Maschine, dachte Jesper. Das würden sie nie herausfinden. "ENDE DES SPIELS," heulte die Stimme.

"Nun können wir hier `rauskommen," sagte Jesper. Der Hund ließ ihn aufsitzen, dann sauste er davon, schneller als der Blitz, fort durch die elektronischen Berge, die langsam in den Boden glitten.

"Und dann war es Electro," sagte der Hund.

Sie dröhnten mit Phantomgeschwindigkeit durch einen langen, geriffelten Tunnel. Danach kamen sie in eine gigantische Halle - eine ganze künstliche Welt in der Größe von Abenteuerland - eingeschlossen unter einer Kuppel.

Mitten in der Halle lag Electros elektronischer Palast und glänzte. Eine breite, glänzende Rampe führte zum Haupteingang. An den Seiten der Rampe standen die kriegerischen GigaByte, Seite an Seite, mit den Messern über Kreuz wartend.

Die letzte Chance

Das merkwürdige an dem Gebäude war, schien ihnen, daß es keine Fenster hatte.

Sie kamen nicht darauf, daß es ja nicht notwendig war.

Es war keine Aussicht zu genießen, kein Tageslicht, um sich darüber zu freuen, keine Vögel und Bäume.

"Wir sollten jetzt nach Hause," flüsterte Jesper.

"Gute Idee," stimmte Sigurd zu. "Die beste Idee, die du seit langem hattest, Fister..."

"Hör auf, mich Fister zu nennen, Sigurd!"

"Okay, kleiner - ist in Ordnung."

Der Hund gähnte laut und ausgiebig.

"Wir müssen weiter," brummte er. "Sonst schlaf ich ein..."

"Ist es schlau, Electro zu besuchen..?" fragte Jesper. Er war sich nicht mehr so sicher, daß es eine gute Idee war. Keiner von ihnen sagte etwas.

Mitten über der glänzenden Rampe saß ein künstliches Auge.

"Nur ein kleines Schläfchen," gähnte der Hund.

"Nicht jetzt," flüsterte Jesper. "Das Auge hat uns schon gesehen..."

Das Auge über dem Eingang starrte auf sie herab. Wie alles andere hier, ganz ohne Lebensfunken.

Der Hund schnupperte am Fuß der Rampe und stellte sich auf um in die Öffnung zu sehen. Es war ein merkwürdig rötlicher Schein darinnen. Er hatte nicht viel Lust, weiterzugehen.

Die GigaByte sahen sie und senkten knackend die Arme mit den Messern an den Seiten herunter.

"Soll ich gerade durch stürmen?" fragte der Hund.

"Wir sind die schnellsten Messer der Welt," sagten die Giga-Byte im Chor.

"Habt ihr gedacht..." brummte der Hund. Das einzige, worum er sich nicht kümmerte, war, wenn andere sich einbildeten, sie wären schneller als er.

"Haltet fest," flüsterte er. Wir sind in Nullkommanull drinnen."

Jesper hielt sich an seinem Halsband fest - so fest, daß seine Knochen ganz weiß wurden. Sigurd klammerte die Krallen in Jespers Schulter und nickte.

"Ab mit uns," sagte der Hund, und dann stürmte er mit so einer Geschwindigkeit die Rampe hoch, daß sie im Gebäude waren, noch bevor die GigaByte es schafften sich einen Millimeter zu rühren.

"Nichts ist schneller als ich," sagte der Hund selbstzufrieden. Draußen heulten die Messer in der Luft, sodaß Funken über die Rampe flogen. Wären sie nicht schnell genug gewesen, wären sie in Scheiben geschnitten worden.

"Du bist recht schnell," gaffte Sigurd. "Nicht wahr, Fister?"

"Hmmm..." seufzte Jesper.

"Ich glaube sie kommen hinter uns her," sagte Sigurd mit schriller Stimme.

"Ab mit uns," brummte der Hund, und weg waren sie.

Sie wirbelten fort durch Electros Palast, ohne irgendein bestimmtes Ziel. Der eine Patz konnte genauso gut sein wie ein anderer, so drückte sich der Hund herum, so wie er es am besten gelernt hatte. Das Summen der GigaByte verschwand hinter ihnen.

Überall glänzte es von den Wänden - blank. Sie konnten sich spiegeln - im Dach, an den Wänden und auf dem Boden.

"Jetzt hab ich es satt, hier zu sein," rief Jesper.

"Wer hat das nicht," antwortete der Hund und hastete weiter. Sie kamen in einen Saal, wo die Wände bedeckt mit Bildschirmen waren.

Da saßen Programme in kleinen Gruppen und arbeiteten an Terminals.

Die Bildschirme an den Wänden zeigten, was sie machten.

Ein Programm arbeitete mit den Pac-Man. Es machte eine neue Ausgabe, besser als die alte.

"Es wird schlimmer und schlimmer, ein Käse zu sein," dachte Jesper.

Sie entwickelten Electros neue Welt. Spiele, so gewaltig, wie sie noch nie vorher gesehen wurden.

Der Hund lief an den Schirmen entlang. Keiner hielt ihn auf oder rief ihnen zu, daß sie nicht hier sein durften.

Ein Bildschirm zeigte Sir Gawain, zu Pferde mit Lanze und allem. Sir Gawain in Panzer und Blech. Auf ihn zu kam ein anderer Ritter, ein Programm von DOS, auf einem künstlichen Pferd mit computergesteuerter Lanze.

Sie trafen sich, lautlos, und Sir Gawain stürzte auf die Erde, getroffen von einem Blitz aus DOS. Sein Pferd donnerte weiter aus dem Bild, während er auf der Erde rollte und die Rüstung abfiel und durch die Luft flog.

`Programmende` stand da nur...

Ein anderer Bildschirm zeigte Prinzessin Isabel im Labyrinth davonstürzend, verfolgt von Pac-man mit klappernden Kiefern. Sie lief mit Tränen, die ihre Wangen hinunterströmten.

Jesper schloß die Augen. Er hatte Sigurd zu Hilfe gehabt - sie war alleine - sie hatte keine Chance.

Der Hund ging weiter.

Sie sahen Abenteuerland auf einem großen Bildschirm.

Das Schloß lag glänzend weiß in der Sonne und das Licht spielte in der Glasur der Zuckerbrücke. In der Ecke des Bildschirms zählte eine Digitaluhr rückwärts - sie zeigte 10 Minuten und 17 Sekunden. " Löschen" - stand unter den Zahlen.

Und dann, gerade als sie glaubten, sie hätten alles gesehen, sahen sie Jespers Vater, der müde aus einem der Schirme auf sie herabsah. Er hatte einen besorgten Blick in den Augen.

Er saß zu Hause in der Stube. Jespers Mutter mußte ins Bett gegangen sein, denn das Sofa war leer.

"Die Wirklichkeit" - stand da mit roten Buchstaben.

Das Programm arbeitete mit dem Gesicht seines Vaters. Es konnte es farbig machen und es konnte ihn beides machen lassen, lachen und weinen. Und es arbeitete weiter, ohne daß Jesper wußte, was es für eine Bedeutung hatte. Er war sich nicht einmal sicher, ob er überhaupt wissen wollte, was die Bedeutung davon war.

"WILLKOMMEN IN DOS," sagte eine metallische Stimme.

Electro stand mitten im Saal und schaute sie durch seinen bronzefarbenen Schirm an. Er mußte die ganze Zeit dagestanden haben. Sie waren so beschäftigt mit den Dingen, die sie sahen, daß sie ihn nicht entdeckt hatten.

Der Hund glotzte ihn an und vergaß ganz, wie schläfrig er war.

"IN EINEM AUGENBLICK WERDET IHR MEINE PHANTASIE DIE PHANTASIE DER WELT WERDEN SEHEN," sagte Electro. Er zeigte auf den Bildschirm mit dem Bild von Abenteuerland.

"Da habe ich keine Lust zu, das zu sehen," sagte Jesper.

"Das hab ich auch nicht, Fister," krächzte Sigurd.

"WAGE NICHT MICH FISTER ZU NENNEN," knatterte Electro erregt. Er summte auf sie zu, ganz langsam.

"ES IST GEFÄHRLICH DIE PHANTASIE UND DIE WIRKLICHKEIT ZU VERMISCHEN," sagte er hart. "UND ES IST GEFÄHRLICH KEINEN RESPEKT VOR DER PHANTASIE ZU HABEN - MEINER PHANTASIE..."

"Es gibt doch keinen, der sie vermischt," sagte Jesper.

"FALSCH," sagte Electro. "WAS MACHST DU SELBST..?"

"Das ist etwas anderes," sagte Jesper.

"DAS IST ES IMMER," knatterte Electro.

"Zur Hölle mit ihm," flüsterte Sigurd. "Du mußt dich nicht damit abgeben, was er sagt, Fister..."

"ICH HABE KEINE GRENZEN - NICHTS BINDET MICH," zischte Electro.

Er wandte sich zu dem Bildschirm an der Wand. Dem Bildschirm, von dem Jespers Vater herunterschaute, müde und verwirrt.

"WERDE ZU NICHTS," rief Electro.

"NEIN!!!" schrie Jesper und stürzte über den Boden auf das Programm zu, das saß und arbeitete. Aber er konnte nicht verhindern, daß es geschah.

Er stand auf dem Boden, außer sich, und sah seinen Vater in einem flimmernden Geheul verschwinden. Der Bildschirm war leer und blank.

"Wo ist er jetzt?" rief Jesper.

"ES GIBT IHN NICHT MEHR," zischte Electro. "UND JETZT IST ES ZEIT FÜR DIE ALTE WELT ZU VERSCHWINDEN."

"Ich will nichts mehr sehen!" rief Jesper und trampelte mit den Stiefeln auf den Boden.

"Ich finde auch, hier ist etwas faul, hier," krächzte Siurd.

"GUT," knisterte Electro. "DANN LÖSCH ICH EUCH ZUERST..."

"Nicht mich," brummte der Hund mit den Augen so groß wie Teetassen. Dann blinzelte er einmal mit den Augen - und weg war er.

"NIE VORHER HABE ICH JEMANDEN AUS DER WIRKLICHEN WELT GELÖSCHT," sagte Electro. "DIES IST EIN GROßER AUGENBLICK!" Er betrachtete Jesper durch den

Schirm. Für Sigurd interessierte er sich nicht, das war nur ein verrückter Vogel aus Abenteuerland.

Jesper stand mit geschlossenen Augen vor ihm. Er traute sich nicht hinzusehen, er war steif vor Schreck, obwohl Sigurd etwas anderes glaubte. Er saß auf seiner Schulter und kniff auch die Augen zu.

"Auf Wiedersehen, Fister," flüsterte Sigurd.

"Auf Wiedersehen, Sigurd. Nun bekommst du nie den Stein."

"Scheiß drauf," antwortete Sigurd. "Wenn wir nur einander haben.." Er gab seiner Schulter einen liebevollen Druck mit den Krallen.

In der einen Tasche drückte er den Magneten, so fest er konnte. Er hatte schwitzige Hände und der Magnet war kalt und glatt.

"WERDE ZU NICHTS!" sagte Electro triumphierend.

Der Boden zitterte. Electro sandte seine elektromagnetische Stärke gegen ihn. Dies war für ihn nicht schwer. Aber während er rechnete und kalkulierte, fing er an, sich darüber zu wundern, wie der Junge aus der Wirklichkeit und sein verrückter Vogel und der dumme, schläfrige Hund überhaupt hier hereingekommen waren, ins Herz von DOS. Wie waren sie durch die Spiele gekommen? Wie hatten sie die Begegnung mit ZAK überlebt? Warum war er selbst so beschäftigt mit seinen Vorbereitungen gewesen, Abenteuerland zu löschen, daß er keine Lust hatte, sie im Kriegsspiel zu sehen?

Sein Elektromagnetismus heulte durch den Boden, hinauf in Jesper und Sigurd. Er heulte auch hinauf in den Magneten in Jespers Tasche, nur um seiner eigenen Zerbrechlichkeit zu begegnen. Seine ganze Stärke lag in diesen kleinen, zierlich zusammengesetzten Daten.

Jesper stand mit geschlossenen Augen und wartete darauf, daß er und Sigurd gelöscht werden würden - verschwänden und sich

in Luft auflösten, genau wie Merlin und Grunga und Sir Gawain und all die anderen, die es nicht mehr gab. Er erinnerte sich an die Schwäne, und was sie erzählt hatten, darüber, daß sie weg gewesen waren - und doch immer noch da.
Er wußte, daß sie da waren - alle die, die es, wie Electro sagte, nicht mehr gab. Sie waren irgendwo und warteten nur darauf, daß der eine oder andere sie aus ihrem Gefängnis befreite.

"Ich kann nichts merken," flüsterte Sigurd in sein Ohr.

Jesper schüttelte still den Kopf. "Das kann ich auch nicht. Vielleicht sind wir noch nicht ganz gelöscht..?"

"WERDE... ZU... NICHTS... UMGEHEND... ZU... NICHTS... WERDET..." sagte Electro mit einer merkwürdig belegten Stimme.

Es roch verbrannt, wie zu Hause am Morgen, wenn seine Mutter das Brot im Toaster vergaß. Jesper öffnete die Augen und schaute.

"Sigurd, sieh..."

Vor ihnen stand Electro - groß und mächtig in seinem roten Mantel aus gebogener Stahlplatte. Der Schirm flimmerte wild in farbigen Mustern und es funkelte aus den Ventilationslöchern im Rücken. Die Stahlarme hingen schlaff an seinen Seiten. Dann schmolz seine Plastikhülle, und er sank auf dem Boden zusammen, ausgebrannt und erledigt.

Die Bildschirme an den Wänden waren leer. Die Programme saßen nicht mehr da - sie waren gelöscht - alle auf einmal.

Es gab keinen Strom mehr in Electros Palast. Es war staubig und kalt. So als ob es nie anders gewesen wäre.

"Du bist phantastisch, Fister," zischte Sigurd.

"Ich hab nichts gemacht, keine Spur," flüsterte Jesper. "Überhaupt nicht ein bißchen.."

"Du bist so bescheiden," sagte Sigurd und lachte. "Du bist so enorm bescheiden, Fister..."

Er zog die Hand aus der Tasche. Er drückte immer noch den Magneten zwischen den Fingern.

"Also, du bist phantastisch," murmelte Sigurd hingerissen.

"Es war der hier." Jesper zeigte Sigurd den kleinen, roten Magneten. "Der kostete 2 D-Mark zu Hause in einem Kramladen..."

Sigurd betrachtete den Magneten mit bewunderndem Blick.

"Komm, jetzt gehen wir aber..."

"Was ist ein Kramladen, Kleiner..?"

"Das ist ein Spielzeuggeschäft," sagte Jesper. "Komm jetzt."

Der Staub lag dick auf dem Boden.

Sie wanderten den ganzen, langen Weg zurück, ohne richtig zu glauben, dass es wahr war. Aber sie trafen keinen. Sie tasteten sich unsicher durchs Halbdunkel, eine Spur im Schmutz hinterlassend, der durch das offene Tor hineingeblasen wurde. An der Rampe war es auch still. Der Wind blies aus Abenteuerland über DOS. Der Wind, der Blätter von Bäumen mit sich trug.

Sie hörten etwas spielen in den beleuchteten Hallen. Ein Spiel, das piepste und heulte mit einem Ton, der allen Kindern vertraut war. Aber Electros Stimme hörten sie nicht mehr.

"Pfeif nach dem Hund," sagte Sigurd.

"Ich glaubte ehrlich gesagt nicht, daß ich euch beide noch einmal wiedersehe," sagte er und gähnte. "Ich habe es gerade geschafft ein kleines Schläfchen zu halten..."

"Gut," sagte Jesper. "Wir wollen gerne weiter jetzt..."

"Das schaff ich in Nullkommazwei," sagte der Hund. "Sssswuij..." machte es.

Dann standen sie da, mitten auf dem Fußboden zu Hause in der Stube bei Jespers Eltern. Jespers Vater saß da und schlief auf dem Schreibtisch mit dem Kopf auf den Armen liegend. Der

Computer stand eingeschaltet auf dem Tisch und der Bildschirm
war voller Zahlen.

"Was macht er da?" flüsterte Sigurd.

"Er schläft," antwortete Jesper. "Was machen wir hier..?"

"Ihr wolltet nach Hause," sagte der Hund und schaute neidisch
auf Jespers Vater, der mit geschlossenen Augen auf dem Tisch
lag.

"Ich habe gemeint, daß wir gerne nach Abenteuerland wollten," flüsterte Jesper.

"Nah, dann..." brummte der Hund. "Ab mit uns..."

Die Hochzeit

Eine Sekunde später, so kam es ihnen jedenfalls vor, standen sie im Niemandsland und blinzelten mit den Augen.

"Da ist eine Hochzeit im Gange," sagte der Hund und wedelte mit dem Stummelschwanz. "Ich hab eine Nase für sowas, müßt ihr Wissen..."

"Alles klar," sagte Jesper. "Ich liebe Süßigkeiten und Leckereien, und davon gibts genug auf Hochzeiten."

"Das würde ich auch sagen," krächzte Sigurd. "Ab mit dir, du großer Klotz, oder ich hack dir in den Hintern..."

"Ungezogene, kleine Krähe," spottete der Hund und raste davon - auf dem Feldweg, quer über den Schwanensee und durch das offene Tor. Dann waren sie plötzlich da, am Fuß der breiten, weißen Treppe im Hof des Schlosses.

Jesper und Sigurd hüpften vom Rücken des Hundes und wollten die Treppe hinaufgehen. Dann bemerkten sie, daß er schon lag und schlief, mit dem Kopf auf der untersten Stufe.

"Wir können es genauso gut lassen, ihn zu wecken," sagte Jesper.

"Benutz die Pfeife," sagte Sigurd.

"Nein," sagte Jesper. "Laß ihn nur schlafen, das will er sowieso am liebsten. Wir können ihm hinterher davon erzählen..."

Dann tauchte Archimedes auf. Er hatte immer noch Ruß auf den Flügeln und wirkte, als hätte er es sehr eilig.

"Ach, ich glücklicher, kleiner," sagte Archimedes. "Daß ich euch vor einer gewissen anderen Person fand." Er sah sich verstohlen über die Schulter und dämpfte die Stimme.

"Tut mir einen Gefallen, seid ihr so nett..?"

Er sah sie beide an und fing an zu schielen.

"Was denn..?" fragten sie im Chor.

"Oh..." Archimedes war nicht besonders stolz aus die Situation.

"Wenn ihr vermeiden könntet, zu erwähnen, das mit, daß ich mich eingemischt habe - ihr wißt schon, das, daß ich gezaubert hab und all das. Dann wäre ich mehr als glücklich."

Wenn eine Eule schwitzen kann, dann schwitzte Archimedes.

"Wer ist es, der es nicht wissen darf?" fragte Jesper.

"Merlin," flüsterte Archimedes und verdrehte seine Augen.

"Hi, hi," grinste Sigurd. "Wir haben ihn in der Enge, Fister."

"Du hälst einfach deinen Mund, Sigurd," sagte Jesper. "Und hör endlich auf, mich Fister zu nennen.."

Archimedes atmete erleichtert auf.

Merlin tauchte oben auf der Treppe auf.

Sie eilten zu ihm hinauf, und er erklärte ihnen, daß Prinzessin Isabel ihren Prinz Dur bekommen sollte, und das die Hochzeit jetzt gehalten werden sollte - bevor noch mehr Freier auftauchten. Diesmal haben sie keine Chance, sagte Merlin.

Sie hasteten weiter durch die Gänge zum Thronsaal. Es wimmelte von Gästen: Trolle, Elfenvolk, Orks und Ritter, schöne Frauen und feine Kavaliere in farbenprächtigen Trachten. Jesper nahm den Hut mit der Straußenfeder ab und marschierte an der Seite von Merlin. Und alle machten Platz für sie, daß sie vorbeikommen konnten und starrten ihnen nach, wenn sie vorbei waren.

Jesper hörte sie flüstern: Das ist Merlin, und dieser, der Kleine an seiner Seite, das ist der aus der Wirklichkeit - der Electro überwältigt hat. Und der kleine Schwarze da, das ist der Schwarze Sigurd und dieser kleine Verbrannte da, das ist Merlins Eule, Archimedes.

Sie erreichten den Thronsaal und Jesper blieb stehen und konnte seine Verwunderung nicht verstecken. Nie in seinem kurzen Leben hatte er etwas gesehen, das auch nur an den Anblick erinnerte, der ihm hier begegnete.

Es war nichts gewöhnliches daran, wenn man es mit einem Wort sagen will.

Am Ende des riesigen Saales erhob sich der Thron mehrere Meter hoch vom Boden.

In der Mitte saß der König von Abenteuerland, wie es Sitte und Brauch war.

Rechts von ihm saß die Königin und links Prinzessin Isabel. Sie sah neugierig über die Menge, vielleicht nach Prinz Dur, vielleicht nach Merlin oder vielleicht nach Jesper - wer weiß. Sie hatte ein Kleid an, das im Licht der Kronleuchter glänzte.

Sigurd, der sich gut auskannte in solchen Dingen, begann zu erklären.

"Das Kleid," zischte er, "ist aus Spinnweben gewebt. Man findet nichts Feineres auf der ganzen Welt..."

Sigurd dachte nach. "Also nicht die klebrigen Fäden, weißt du, Fister, sondern die anderen, die, die nicht kleben..."

Jesper nickte.

"Und die zehntausenden von Perlen, die auf dem Kleid glänzen, sind Tautropfen von den Feldern in Symphonien, in den Stoff hineingewebt. Das Kleid ist ein Geschenk vom Vater des Prinzen Dur, König Mol..." Sigurd hatte es so eilig mit dem Erzählen, daß er fast über die Worte fiel.

"Es scheint, daß dein Freund, der Schwarze Sigurd, besser erzählen kann als irgendein anderer es tun könnte. Darum verlasse ich dich jetzt," sagte Merlin freundlich. "Ich habe noch einige kleine Pflichten, die ich erfüllen muß.."

"Sollst du zaubern...?"

"Nee, nein - heute nicht. Heute habe ich frei."

Merlin verschwand in der Menge mit seinem sternenbesetzten Mantel, der um ihn herum flatterte. Jesper folgte seinem hohen, spitzen Hut, der in Richtung auf den Thron schaukelte.

"Du hörst überhaupt nicht zu, Fister." Sigurd rief ihm ins Ohr.

"Entschuldige Sigurd, ich habe nur nach Merlin und Archimedes geschaut..."

"Archimedes hier und Archimedes da," spottete Sigurd.

"Ja, ja, Sigurd. Ich bin mit dir viel besser dran..."

"Also," setzte Sigurd fort. "Wie weit waren wir? Ja, also, das Marzipanschwein kennst du, laß mich mal sehen..."

Sigurd plapperte los. Er war in seinem Element. Plapperte los über die Schwäne - die Hunderten von Schwänen, die aus ganz Abenteuerland zum Schloß gekommen waren, um die Rückwand hinter dem Thron zu bilden, wo sie bis zum Dach übereinander standen, mit ausgebreiteten Flügeln, wie eine gigantische Mauer aus den weichesten, weißen Federn. Und der Himmel, den Merlin früher schon über den Thron gezaubert hatte, füllte jetzt alle Säle. Im Himmel flimmerten Traumbilder von Elfenvolk und Orks, Grunga und den Zwergen aus den Minen von Holt.

Jesper blieb die Luft weg. Er vergaß die Zeit, eingehüllt in Trance. Sigurd hatte längst aufgehört mit seinem belehrenden Vortrag. Zweimal hatte er in Jespers Ohr geschrien, daß er nicht zuhörte. Beide Male ohne Resultat. Nun saß er auf Jespers Schulter und starrte ihm besorgt in die Augen.

"Wären bloß Ferien..." flüsterte Jesper.

"Du siehst auch aus, als ob du gut sowas wie diese Ferien gebrauchen könntest," zischte Sigurd. "Ist dir schlecht?"

"Nein, nein," antwortete Jesper leise. "Ich vergaß nur ganz..."

Der König erhob sich vom Thron und schaute über die Menge. Dann ertönte seine königliche Stimme, und alle - außer den Orks - schwiegen.

Der König ließ sich Zeit, er kannte sie, wie jeder andere.

Merlin trat ein paar Stufen hinauf und hob die Arme gegen die Traumbilder des Daches.

"Laßt den, der spricht, ohne dazu aufgefordert zu sein, sich in eine Kröte verwandeln..."

Plötzlich wurde es so still, daß man die Flügel der Schwäne sich in der Luft bewegen hörte.

"So ist es besser," sagte der König würdevoll. "Danke Merlin."

Er richtete den Hermelinmantel etwas und sah lange auf das Goldzepter in seiner Hand.

"Ha, ha," grinste Sigurd, daß es wirklich peinlich war. "Hast du das gehört, Fister? So könnten sie bleiben, die Schurken," quakte Sigurd. Er saß auf Jespers Schulter, eine große, fette Kröte mit abstehenden Augen und blanker Haut.

Alle schauten hin und hatten Lust, vor Lachen zu brüllen, aber keiner traute sich. Sie begnügten sich mit einem Lächeln.

"Dies ist ein großer Augenblick für die Königin und mich," begann der König und trocknete mit einem riesigen, herz-förmigen Taschentuch eine Träne von seiner Wange.

"Huh," schnaubte ein großer Ork. "Schurke," sagte er dann.

Dann brüllten alle Orks vor lachen, denn sie hatten keine Ah-nung, wie man sich beherrscht. Und gleichzeitig waren sie ja auch ziemlich dumm, dachte Jesper.

"Schurke..Schurke..Schurke," quakte es vom Boden. Sie waren alle verwandelt und würden sich hinterher an nichts mehr erinnern.

"Das war das," sagte der König. Dann können wir weiter-machen. Erlaubt mir zu sagen, daß nun, wo die Orks so verändert sind, Merlins Verbannung nicht länger gilt, nicht wahr, Merlin?"

Merlin schüttelte den Kopf, würdevoll. Er war ein mächtiger Zauberer, dieser Merlin.

"Denn so wünsche ich es - und ich bin ja immer noch der König von Abenteuerland : Unter uns hier ist ein Gast, den ich mehr als jeden anderen zu sehen wünsche. Nicht weil er - denn es ist ein er - mehr wert als irgendjemand anderes hier ist, sondern weil ich wünsche, ihm zu danken, aus meinem ganzen abenteuerlichen Herzen."

Die Versammlung sah sich neugierig um, wer konnte das sein?

"Schurke," quakte Sigurd.

"Wir haben einen Gast aus der wirklichen Welt. Er ist ein guter Freund von unserer Prinzessin Isabel. Wo ist er?"

Es ging ein Raunen durch den Saal, ein Raunen der Erwartung.

Rinze trat auf das Podium und rief: "Herr Jesper Aksel Bergmann wird gebeten vorzutreten vor den Gnädigen König."

Jesper drängte sich durch die Menge, mit Sigurd der Kröte auf seiner Schulter. Er war ganz heiß an den Ohren, weil alle ihn neugierig anschauten, und wenn sie Sigurd entdeckten lächelten sie und nickten. Jesper schien es plötzlich, daß es so weit zum Thron war. Er dachte, daß sie jetzt bald nicht mehr länger warten mögen würden - aber sie warteten. Es war keine Eile, diesen Abend in Abenteuerland.

Der König entdeckte ihn und rief: "Aha, das ist also unser kleiner Gast..?"

"Das ist er, gnädiger König," lächelte Merlin.

Isabel saß auf dem Thron, so fein und schön, und folgte dem Blick ihres Vaters. Auch sie hatte den Jungen aus der wirklichen Welt gesehen, der sich auf sie zu drängelte.

Der Elfenkönig und die Elfenkönigin und alles Elfenvolk standen und sahen ihm nach. Und der Elfenkönig dachte, daß aus diesem kleinen Steppke, der Jesper Aksel Bergmann hieß, eine gute Bogenschütze werden könnte. Der einzige Fehler den er hatte, war, daß er kein Loch im Rücken hatte.

Endlich stand er vor der Treppe zum mächtigen Thron. Rinze trat vor ihn hin und sagte mit lauter Stimme:

"Herr Jesper Aksel Bergmann, Ihre Majestät."

Der König ging die zwanzig Stufen vom Thron hinunter und stellte sich vor ihn, groß und mächtig in seinem Hermelinmantel. Die Falte auf der Stirn unter der schweren Krone versteckte fast seine Augenbrauen. Er lächelte und bekam im ganzen Gesicht Falten, bevor er sprach.

"Ich bin froh, daß du Zeit hattest, zu kommen."

"Ja, danke," flüsterte Jesper. Es kommt ja trotz allen nicht jeden Tags vor, daß man mit einem König spricht, und schon gar nicht mit dem König von Abenteuerland.

Der König lächelte ihn freundlich an und fragte: "Hast du es mit..?"

Im selben Moment streckte er die Hand mit der Handfläche nach oben vor.

Merlin kniete sich an Jespers Seite und flüsterte:

"Das Goldherz mit dem Glücksvogel, hast du es?"

Archimedes lachte über Sigurd, der immer noch verwandelt war.

"Nah, ja," sagte Jesper. "Ich habe ihn gerade hier..."

Er knöpfte den Frack auf und zog die Kette mit dem kleinen Herzen ins Licht hervor.

"Bitte..."

"Tausend Dank," sagte der König.

Der König hob das kleine Herz über den Kopf und der Vogel begann, in seinem goldenen Gefängnis zu singen. Die Menge brach in Jubel aus und summte mit zu dem Gesang des Vogels. Und dann lächelten sie alle und klatschten in die Hände und Klauen, und was sie sonst noch alles an den Enden ihrer Arme hatten.

"Tausend Dank, mein Junge," sagte der König.

"Ehm, nichts zu danken," stammelte Jesper hervor und wurde ganz rot im Gesicht.

Prinzessin Isabel erhob sich von ihrem Thronstuhl und kam die Stufen hinunter auf sie zu. Als sie ihren Vater, den König, erreicht hatte, streckte sie sich und nahm die Kette mit dem Herzen aus seiner Hand. Sie sah einen Augenblick zu dem Vogel zwischen den Stäben hinein. Dann öffnete sie das Herz und rief leise.

Der Vogel flog hinaus und setzte sich auf ihren Finger. Er starrte ihr in die Augen, ohne etwas zu sagen.

Es war mucksmäuschenstill im Saal.

"Das Glück ist nicht echt, wenn es eingesperrt gehalten wird," sagte sie. "Gleichgültig wie schön sein Gefängnis ist."

Der König hörte ihr zu, ohne die Augen vom Vogel zu wenden.

"Flieg," sagte sie, "und hol meinen Prinzen, denn ich bin bereit, und er fehlt mir von ganzem Herzen."

"Jetzt passiert es," dachte Jesper.

Der Leutnant der Abenteuergarde stand schweigend an einer Stelle im Saal und starrte auf den Boden.

"Danke für alles, was du für uns getan hast - und für mich," sagte sie, lehnte sich über Jesper und gab ihm einen kleinen Kuß auf die Wange.

Er wurde feuerrot im Gesicht und heiß am ganzen Körper, denn das wird man, wenn man von einer Abenteuerprinzessin geküßt wird.

"Schurke..." röchelte Sigurd von seiner Schulter.

Die Menge schrie vor Lachen, und im Innersten beneideten sie ihn darum - einen Kuß von Prinzessin Isabel bekommen zu haben.

"Gibt es etwas, was ich für dich tun kann?" fragte Isabel.

Jesper nickte.

"Jahh, es ist das mit Sigurd. Ich könnte mir gut denken, daß er wieder normal wäre..."

"Ach, ja," lachte sie. "Das bringst du in Ordnung, Merlin - dann bist du lieb."

Merlin trat vor und legte eine Hand auf Sigurd die Kröte. Und dann flüsterte er eine Zauberformel, die nur Sigurd hören konnte. Er wollte noch nicht die Orks wieder verzaubert haben. Vups - war Sigurd wieder normal, oder - so normal, wie Sigurd überhaupt werden konnte.

"Danke, Fister," flüsterte er heiser.

"Ich habe kein Geschenk für dich mit," sagte Jesper. "Denn ich wußte nicht, daß du jetzt schon verheiratet wirst. Und darüber bin ich nun traurig, denn ich hätte dir sehr gerne das eine oder andere gegeben, was auf einem Regal hätte stehen und nett aussehen können. Aber so ist es nun mal."

"Darüber brauchst du nicht nachzudenken," antwortete sie. "Ich bin froh, daß ihr kommen konntet - du und der Schwarze Sigurd. Das ist für mich Geschenk genug." Sie sah aus, als ob sie es auch so meinte, und so war es wohl streng genommen in Ordnung.

Dann sagte sie: "Wenn ich einmal einen Jungen bekomme, so hoffe ich, daß er dir gleicht."

"Das tut er sicher.." sagte der Schwarze Sigurd. "Ganz sicher."

"Seht," rief der König und klatschte in die Hände. "Nun sollen alle glücklich sein. Denn nun wollen wir feiern zur Ehre von unserer geliebten Isabel und ihrem Auserwählten - Prinz Dur von Symphonien."

"Hurra," dröhnte das Gebrüll durch das Schloß. "Hurra..."

Und das hundert Mann starke Orchester von Symphonien begann zu spielen, daß es eine Lust war.

Der König lehnte sich zu Merlin und flüsterte: "Er müßte doch bald hier sein?"

"Er wird schon kommen," antwortete Merlin. Archimedes nickte beruhigend.

"Gut, gut," sagte der König erleichtert. Es kümmerte ihn nicht, zu warten. Denn er war ein richtiger König. Dann ging er schnaufend hoch und setzte sich auf den Thronstuhl. Alle hielten den Atem an und lauschten. Ja - nun kam sie, die Melodie. Ganz sacht, draußen aus dem Schloßpark.

Die Hufe des Pferdes donnerten auf der Erde in Abenteuerland, dann setzte es ab - und sprang - über die Mauer. Die Melodie floß zu ihnen hinein, erfüllte den Saal und ihre Gedanken.

Und zwischen den Tönen seiner Laute hörten sie den Vogel, der mitsang. Nun war alles wie es sein sollte. Wer anderes als der Glücksvogel hatte das Recht, Prinz Dur zu holen?

"Hurra..." brüllte die Menge und drängte zum Thron, um besser sehen zu können.

Prinzessin Isabel saß so schön und hübsch über ihnen und sagte, daß sie wünschte, daß alle zur Stelle wären. Merlin hob den Zauber über die Orks auf, obwohl er selbst nicht sehr dafür war. Denn er wußte, daß den Orks Radau folgte, früher oder später.

Das Pferd blieb im Schloßpark unter dem Balkon stehen, wo Jesper ihn das erste mal gesehen hatte. Es schien so unendlich lange her, und doch waren es nur ein paar Nächte.

Prinz Dur sprang vom Pferd über das Balkongeländer und kam hinter den Gardinen hervor.

Alle riefen und schrien durcheinander, sodaß keiner ein Wort verstehen konnte.

"Ruhe!" brüllte Merlin, und es wurde still.

Prinzessin Isabel erhob sich, ging zu ihm hinunter und nahm seine Hand. Dann sahen sie einander tief in die Augen, sehr lange.

Der König räusperte sich heiser. "So, Kinderchen, laßt mich nun..."

Darauf fragte er sie, ob sie einander liebten, und obwohl alle es sehen konnten, daß sie es taten, mußten sie antworten.

Als sie mit ja antworteten, brüllte die Menge wieder und wieder hurra, und Merlin mußte wieder die Arme erheben und "Ruhe!!!" rufen.

Der König nahm seine Krone ab und setzte sie auf den Kopf von Prinz Dur, und dann sagte er, nun seien sie zwei Könige und Königinnen im Reich der Träume, denn nun gab es nicht mehr nur ein Abenteuerland und ein Symphonien. Das Orchester spielte auf und König Dur und Königin Isabel tanzten den Hochzeitswalzer.

Und selbst die Orks, die großen und groben Biester, standen da und schaukelten im Takt der Musik vor und zurück, was keiner übrigens später jemals zugab. Denn Orks kümmern sich nicht um schöne Dinge wie Musik und Liebe und Kinder und das alles. Es hätten lieber Kinder da sein sollen, die sie fressen konnten, aber dazu hatten sie hier keine Erlaubnis.

Das Elfenvolk tanzte, denn das war etwas, das sie konnten. Und während sie tanzten, schlugen sie mit ihren Pfeilen auf den Bogenstrang, im Takt zu König Durs Orchester.

Prinzessin Isabel, die jetzt Königin war, kam und nahm Jespers Hand.

Und dann tanzte er durch den Saal mit König Dur an der einen Hand und Königin Isabel an der anderen. Er fühlte sich ganz berauscht davon, durch die Melodie zu schweben, ohne müde zu werden.

Die Schüssel mit dem Deckel, die mit dem Konfekt gefüllt war, rannte ihm die ganze Nacht und den ganzen Traum hindurch in die Hacken.

Und das Schwein mit der Gabel und dem Messer im Rücken machte es ebenso. Auf solch große Leckermäuler, wie den Jungen und seinen verschlagenen Vogelfreund waren sie schon immer aus gewesen.

Und dann - mitten im Fest und im Glück - schlug die Turmuhr ihren ersten Schlag.

"Gong..."

Es dröhnte tief durch den Saal. Die Musik hörte auf, und alle schwiegen. Sie wußten, daß er fort mußte, und daß er schon ziemlich spät dran war.

Die Uhr schlug ihren zweiten Schlag, ihren dritten und vierten, während er herumhastete und 'auf Wiedersehen' sagte.

Isabel umarmte ihn reichlich, und alle winkten ihm, als er fortlief durch die Flure zum Hof des Schlosses.

Die Goldkutsche stand und wartete, und Merlin hielt die Tür auf und sah zweifelnd auf die Uhr.

"Gong.." donnerte der achte Schlag über ihnen.

"Du schaffst es nicht.." sagte Merlin.

Der Schwarze Sigurd landete auf seiner Schulter und zischte: "Der Hund, Fister. Der Hund mit den großen Augen..."

Jesper holte die kleine Pfeife hervor und blies hinein.

"Gong..." donnerte die Uhr. Es war der neunte Schlag.

Er hob seinen riesigen Kopf von der Stufe vor ihren Füßen und blinzelte mit seinen schläfrigen Augen.

"Was ist los..?" fragte er und wollte gerade gähnen.

"Ich muß nach Hause," sagte Jesper schnell. "Schneller als der Blitz."

Dann setzte er sich mit Sigurd vor sich auf ihn.

In Nullkommafünf sind wir da," sagte der Hund.

Dann jagten sie davon, während die meisten Einwohner von Abenteuerland auf der Treppe standen und sie über die Zuckerbrücke verschwinden sahen.

Er lief so schnell, daß sie durch das Land das Tor erreichten, in der Zeit, die die Turmuhr zwischen dem zehnten und dem elften Schlag brauchte.

Am Tor stand Sir Gawain. Er hob seine Hand mit dem Handschuh zum Gruß, als der Hund vorbeisauste. Er sprang über den See mit den weißen Schwänen und blieb mit einem Seufzer an der Grabenkante stehen.

"Das war's..." sagte er und gähnte.

"Ja, das war's wohl," antwortete Jesper. "Danke für die Tur."

"Nun hab ich aber ein Schläfchen verdient?" grunzte er.

"Ja, hau ruhig ab," zischte Sigurd.

"Gong," dröhnte die Uhr, weit weg, hinter der Mauer.

"Zzzuummm." Dann war er weg, der Hund mit den Augen so groß wie Teetassen.

Archimedes kam hinter ihnen hergeflogen.

"Du kannst nicht zurückkommen," sagte er dann. "Merlin sagt, er hat hier geschlossen für Träume. Keiner kann selbst hierher kommen, nur weil er träumt. Man soll die Dinge nicht vermischen, sagt er."

"Kann ich euch dann nicht wiedersehen..?" fragte Jesper.

"Du hast ja die Pfeife," sagte Archimedes. "Du kannst immer nach dem Hund mit den großen, schönen Augen pfeifen. Der kann dich hierher bringen."

Jesper nickte erleichtert.

"Der Stein, Fister." Sigurd hatte sein Versprechen gehalten, jetzt mußte er seines halten.

Jesper begann aufzuwachen, weit weg, zu Hause in seinem eigenen Bett. "Hier..." er nahm den Knopf mit dem roten Edelstein und riß ihn aus dem Stoff.

"WUNderschön..." seufzte Sigurd. "Was ist mit den anderen?"

"Es ist keine Zeit, Sigurd, ich werde jetzt wach."

Er wurde fortgezogen. Fort vom Graben in Niemandsland, wo Sigurd und Archimedes saßen und hinter ihm herstarrten.

"Wir sehen uns, Fister," rief der Schwarze Sigurd. Jesper sah seine blanken Augen im Mondlicht strahlen.

"Wir sehen uns, Sigurd," rief er und kämpfte dagegen an so gut er konnte.

Ein ganz ungewöhnlicher Junge

Dann erwachte er.

Der Wecker stand auf der Kommode und jammerte. Seine Mutter steckte den Kopf herein und sah ihn mit Wärme und Glück im Blick an. Dann lief sie durch das Zimmer und setzte sich auf die Bettkante - und drückte ihn an sich und flüsterte in sein Ohr:

"Oh, mein kleiner Junge - ich war ganz außer mir..."

'Ich bin nicht klein' dachte Jesper Aksel Bergmann.

Als sie ihn so ansah, sah er, daß sie schwarze Ränder unter den Augen hatte. Er sah, daß sie den Säbel unter der Decke hervorstecken sah, aber sie sagte nichts. Die Uniform mit den Lederriemen und allem drum und dran verriet, daß er auf jeden Fall nicht in seinem Bett gewesen war, die ganze Nacht. Sie sah auch das, aber sie sagte auch nicht ein Wort darüber.

Sie sah ihm einfach in die Augen und lächelte glücklich und erleichtert, so als ob sie geglaubt hätte, er wäre tot, und gerade herausgefunden hatte, daß er noch lebte.

Der Gestank des verbrannten Brotes im überhitzten Toaster schlich an ihr vorbei und füllte seine Nasenlöcher.

Sie kreischte, wie sie es immer tat und stürzte davon, um zu vermeiden, daß der Brand vom Toaster sich im Rest des Hauses ausbreitete.

Dann stand er auf, wechselte das Zeug, wusch sich und aß sein verkohltes Frühstücksbrot. Und dann ging er endlich zur Schule - Wie Kinder es so tun, wenn alles so ist, wie es nun einmal sein soll.

Von seinem Vater sah er nichts, aber er hörte ihn laut im Schlafzimmer schnarchen.

Den ganzen Tag in der Schule dachte er an den Schwarzen Sigurd aus Abenteuerland.

Die Lehrer hatten ein waches Auge auf den jungen Herrn Jesper, denn sie meinten wohl, daß er in der letzten Zeit etwas von einem Tagträumer hatte.

Dann klingelte die Schulglocke und er vergaß seine Federtasche und stürzte nach Hause, so schnell er konnte.

Er mußte die Pfeife finden und verstecken, sodaß kein anderer außer ihm selbst sie jemals fand.

Das Zeug war weg.

"Wo ist mein Zeug, das, du weißt, das ich von Henrik geliehen habe..?" fragte er seine Mutter.

"Weißt du was?" sagte sie und sah ihn mit einem dieser Blicke an, die sagten, daß es keine Diskussionen gäbe.

"Das habe ich inden Mülleimer geschmissen, und sie haben ihn abgeholt. Es war so ramponiert, selbst die Knöpfe waren abgerissen. Du mußt zu Henrik sagen, daß ich ihm etwas Neues nähe, statt des alten."

Das durfte nicht wahr sein.

Ihm wurde schwindelig, so richtig, daß sich alles in seinem Kopf drehte und ihm wurde schlecht.

"Was ist mit der Pfeife..?" fragte er.

"Was für eine Pfeife?" fragte sie. "Ich glaubte nicht, daß etwas in den Taschen war..?"

"Sie war da!" rief Jesper wütend.

"Dann bekommst du eine andere, so etwas kann nicht viele Öre kosten."

"Da bin ich nicht sicher," rief Jesper mit Tränen in den Augen.

"Nun, nun," sagte seine Mutter tröstend. "So eine kleine Pfeife, du bekommst eine andere und damit Schluß."

"Eltern," seufzte Jesper und ging nach oben in sein Zimmer.

Und hier legte er sich auf sein Bett und spekulierte, warum Eltern so sind wie sie sind und nicht ein Stückchen von Allem verstehen..

Jedes Mal, wenn er seitdem einen großen, schwarzen Vogel am Himmel sah, dann rief er aus vollem Halse und hoffte, daß er es wäre:

" SCHWARZER SIGURD!"

Was Jesper Aksel Bergmann nicht wußte, das war, daß jede Nacht, wenn er lag und schlief, ein großer, schwarzer Rabe auf dem Fenstersims an seinem Fenster saß und die ganze Nacht hindurch zu ihm hineinschaute. Und das, ungeachtet ob es regnete oder schneite und ob der Mond da war oder nicht. Im Schnabel hielt er eine goldene Brosche mit einem roten Stein in der Mitte - ein Stein so rot wie die roteste Erdbeere.

Denn die zwei waren unzertrennlich, der Rabe - und der Junge, der lag und schlief.